Rekorde aus dem Reich der Tiere

333-mal
was Kinder wirklich
wissen wollen

Feryal Kanbay

Compact Verlag

Liebe Leserin, lieber Leser!

In diesem Buch findest du viele interessante Dinge über die Tiere unserer Erde. Wolltest du schon immer wissen, welches Säugetier am schnellsten läuft, welcher Käfer der größte und welcher Fisch der gefährlichste ist? Interessiert es dich, welche Vögel am höchsten fliegen, welche Schlangen die giftigsten sind oder welches Tier die seltsamsten Augen hat?

Dieses spannende Buch gibt dir die Antworten auf all diese Fragen. Hier erfährst du alles über die erstaunlichsten und beeindruckendsten Höchstleistungen aus dem Reich der Tiere, sei es an Land, in der Luft oder im Wasser. Du findest auch viele unglaubliche Rekorde von Tieren, die in Urzeiten, also vor vielen Millionen Jahren lebten, wie Dinosaurier, Flugechsen und Fischsaurier.

Um es übersichtlich zu machen, wurden die Rekordhalter nach ihren jeweiligen Lebensräumen gegliedert. Die Sonderseiten über Säugetiere, Vögel, Reptilien, Amphibien, Fische sowie Insekten, Spinnen und Co. sollen dir einen Überblick über die wichtigsten Merkmale dieser Tiergruppen geben. Solltest du einen bestimmten Begriff suchen, kannst du ihn im alphabetischen Stichwortverzeichnis nachschlagen.

Und nun viel Spaß beim Blättern und Schmökern in der Welt der erstaunlichsten Tierrekorde!

Bisher sind in dieser Reihe erschienen: Rekorde aus dem Reich der Tiere, Unser Körper

© 2008 Compact Verlag München
Alle Rechte vorbehalten. Nachdruck, auch auszugsweise, nur mit ausdrücklicher Genehmigung des Verlages gestattet.
Text: Feryal Kanbay
Chefredaktion: Dr. Angela Sendlinger
Redaktion: Anna Häring
Produktion: Wolfram Friedrich
Abbildungen: **dpa Picture-Alliance, Frankfurt:** S. 4–8, 10–14, 16, 21, 23–31, 33–35, 39–43, 45–49, 52, 54, 56, 58–61, 64–66, 70–72, 74, 76–80, 82, 84–86, 88–91, 93–95, 97–109, 111 / **Mauritius Bildagentur, Mittenwald:** S. 54, 95, 96, 101 / **www.pixelio.de:** Babajaga S. 66 / Dreher, A. S. 9 / Eddy S. 53 / fotofun4u S. 86 / gila S. 31 / hausi S. 83 / Inhof, W. S. 38 / Joujou S. 67 / Kaute, Regina S. 22, 75 / Lutz, Angelika S. 28 / Merz, Andreas S. 62 / Miroslaw S. 5 / Pan, Peter S. 17 / pixelmax S. 57 / R. B. S. 108 / Rose, Ernst S. 21, 86 / Samy13 S. 32 / Schmadel, Helga S. 14 / Trampert, Ulla S. 16 / www.JenaFoto24.de S. 39 / **www.fotolia.de:** ABLYmedia S. 91 / Alexander, Terry S. 36 / Bain, Kitch S. 24 / Beauchene, Fabrice S. 37 / Beboy S. 41 / Billet, Clement S. 13 / Blach, Mariusz S. 19 / choucashoot S. 63 / Demeni, Peter S. 83 / DirkR S. 75, 81 / Drouyer, Rene S. 8 / eavi S. 44 / EcoView S. 92 / Edelmann, Andreas S. 10 / Eppele, Klaus S. 58 / Ferdl S. 88 / Fleck, Daniel S. 17 / Gorpenyuk, Maksym S. 80 / Gurtner, Petra S. 104, 110 / Hiller, Davy S. 51 / hornyteks S. 84 / Huszti, Anita S. 26, 68 / images S. 9 / Jager, Norbert S. 19 / Jean–Paul S. 15 / Jones, Carrick S. 63 / Jost, Jahn S. 69 / KJ Lodigue Jr. S. 51 / Koch, Andreas S. 103 / Köhler, Angela S. 73 / Krumm, Mischa S. 29 / Krüttgen, Matthias S. 93 / Loredana S. 78 / Lubcke, Timothy S. 93 / malburian S. 111 / MAXFX S. 21 / mbfotos S. 6, 34 / milkovasa S. 50 / Mollypix S. 73, 76 / Musat, Christian S. 110 / rechord S. 20 / Salatian, Lyda S. 68 / Sester, Reinhard S. 81 / snowpard S. 19 / Steinberg, Frank S. 50 / Teglas, Ferencz S. 37 / Twist, Ben S. 37 / Wilkinson, Kerry S. 99 / Wilson, Leticia S. 22 / Zauberhut S. 18
Titelabbildungen: picture-alliance, Frankfurt; www.pixelio.de: Winternitz (ddr-ram)
Gestaltung: EKH Werbeagentur GbR
Umschlaggestaltung: Bettina Weisl

ISBN 978-3-8174-6394-7
5463941

Besuchen Sie uns im Internet: www.compactverlag.de

Inhalt

Sonderthemen

Welches ist das größte Beuteltier der Welt?

Das größte Beuteltier der Welt ist das Rote Riesenkänguru (Macropus rufus). Das in West- und Zentralaustralien heimische Tier wird bei aufrechter Haltung bis zu 1,8 Meter groß und trägt einen 65 bis 100 Zentimeter langen Schwanz, kann also eine Gesamtlänge von bis zu 2,8 Metern haben und bis zu 90 Kilogramm wiegen. Wenn es mit riesigen Sätzen auf seinen Hinterbeinen hüpft, erreicht es oft Geschwindigkeiten von bis zu 60 Kilometern in der Stunde.

Das Rote Riesenkänguru ist das größte Beuteltier.

Welches Säugetier hat die kürzeste Tragezeit?

Das Säugetier mit der kürzesten Tragezeit ist das Nordopossum (Didelphis virginiana). Nach nur zwölf bis 14 Tagen Tragezeit kommen acht bis 21 Junge zur Welt. Die winzigen Neugeborenen sind nur einen Zentimeter lang und wiegen 0,13 Gramm. Die ausgewachsenen Tiere werden 32 bis 50 Zen-timeter lang und haben einen ebenso langen, nackten Schwanz. Dieser Allesfresser ist das einzige Beuteltier, das in Nordamerika heimisch ist.

Welches Tier wächst im Verhältnis zur Geburtsgröße am meisten?

Im Verhältnis zu ihrer Geburtsgröße wachsen die Kängurus (Macropodidae) am meisten. Ein Kängurubaby ist nur zwei Zentimeter lang und wiegt weniger als ein Gramm, wenn es auf die Welt kommt. Es krabbelt von allein in den Beutel der Mutter und hängt sich mit dem Mund an eine Zitze, die es die nächsten zwei bis drei Monate nicht loslässt. Im Alter von sechs Monaten verlässt es erstmals den Beutel. Ein ausgewachsenes männliches Riesenkänguru kann zwischen 50 und 90 Kilogramm schwer und zwischen 90 und 160 Zentimeter lang werden. Dazu kommt noch der Schwanz von 70 bis 120 Zentimetern Länge.

Welche Tiere müssen so gut wie nie trinken?

Die Koalabären (Phascolarctos cinereus), die putzigen Baumbewohner Australiens, müssen fast nie trinken. Die Flüssigkeitsmenge, die sie benötigen, erhalten sie normalerweise über die Eukalyptusblätter — ihre nahezu einzige Nahrung. Ein erwachsener Koala verspeist am Tag etwa 400 Gramm Eukalyptusblätter. Sind diese frisch, enthalten sie sehr viel Wasser. Ist der Wassergehalt während der

An Land

Koalabären müssen fast nie trinken.

Welches Säugetier bekommt die kleinsten Babys?

Breitfußbeutelmäuse (Antechinus) bringen wahrscheinlich die kleinsten Babys zur Welt. Diese australischen Tiere ähneln zwar Spitzmäusen, sind aber keine Mäuse, sondern Beuteltiere. Die acht bis 17 Zentimeter großen Säuger bekommen winzige Junge, die nur vier bis fünf Millimeter groß und 0,016 Gramm schwer sind. Die Winzlinge kriechen nach der Geburt sofort zu der beutelartigen Bauchfalte der Mutter, wo sie sich an den Zitzen festsaugen. Hier bleiben sie fünf bis acht Wochen, bis sie sich weiterentwickelt haben.

Trockenzeit in den Blättern ausnahmsweise zu niedrig, müssen allerdings auch die Koalas ganz normal Wasser zu sich nehmen.

Welches Tier kann sich am besten „tot stellen"?

Kein Tier kann sich so täuschend echt „tot stellen" wie das Opossum (Didelphis). Diese 30 bis 50 Zentimeter große und bis zu 5,5 Kilogramm schwere Beutelratte, die in Amerika lebt, greift zu diesem Trick, wenn sie bedroht wird. Das Opossum fällt steif auf die Seite, lässt die Zunge aus dem offenen Maul hängen und hört auf zu atmen. Die Feinde halten es für tot und lassen meist von ihrem Opfer ab. Doch nach ein paar Stunden ist das Tier plötzlich wieder ganz lebendig. Denn das Opossum kann alle Lebensfunktionen für einige Stunden abschalten und in eine todesähnliche Ohnmacht fallen.

Das Opossum überlistet seine Feinde durch einen Trick.

Welcher Raubbeutler ist der größte der Welt?

Der Tasmanische Teufel oder Beutelteufel (Sarcophilus harrisii) ist der größte lebende Vertreter der Raubbeutler. Diese nur noch auf der Insel Tasmanien lebenden Tiere haben eine Körperlänge von bis zu 65 Zentimetern, eine Schwanzlänge von

Der Tasmanische Teufel ist der größte Raubbeutler.

etwa 25 Zentimetern und ein Gewicht von bis zu neun Kilogramm. Der Tasmanische Teufel hat sehr kräftige Kiefer und den stärksten Biss unter den Säugetieren. Seine Beute (kleine Säuger, Vögel, Frösche, Reptilien) wird komplett mit Haut und Knochen gefressen.

Wie heißt der kleinste Raubbeutler der Welt?

Die Nord-Flachkopfbeutelmaus (Planigale ingrami) ist nicht nur der kleinste Raubbeutler, sondern auch das kleinste Beuteltier überhaupt. Dieser Winzling

wird 5,5 bis 6,5 Zentimeter lang und hat einen Schwanz, der meist etwas länger als der Körper ist. Er wiegt höchstens 4,5 Gramm. Der sehr gefräßige Raubbeutler jagt die ganze Nacht nach Insekten und deren Larven sowie Eidechsen.

Welche Affen können am besten klettern?

Die in Südostasien heimischen Gibbons (Hylobates) sind die besten Kletterer unter den Affen. Sie gelten als die Akrobaten der tropischen Regenwälder und bewegen sich schneller durch den Urwald als jedes andere Säugetier. Wenn sie sich blitzschnell von Baum zu Baum hangeln, sieht es aus, als würden sie fliegen. So schießen sie durch das

Gibbons klettern blitzschnell von Ast zu Ast.

An Land

Geäst, ändern die Richtung und schleudern sich plötzlich viele Meter weit durch die Luft in die Krone des nächsten Baums. Gibbons können mit einem Sprung bis zu zwölf Meter bewältigen.

Welcher Affe hält den Rekord im Weitsprung?

Die besten Weitspringer unter den Affen sind die in Madagaskar beheimateten Sifakas (Propithecus). Diese Lemurenartigen (Halbaffen) sind geschickte Kletterer und können mit ihren langen Hinterbeinen bis zu zehn Meter, manchmal sogar bis zu 15 Meter von einem Baum zum anderen springen. Diese Fähigkeit verdanken sie ihren stark ausgeprägten Sprunggelenken. Sifakas sind auch auf dem Boden hervorragende Springer — sie können bis zu vier Meter hoch und bis zu fünf Meter weit springen. Diese Halbaffen haben eine Kopf-Rumpf-Länge von 45 bis 55 Zentimetern und wiegen vier bis sechs Kilogramm. Der Schwanz ist genauso lang wie der Körper.

Welche Affen fühlen sich als Einzige auch im Schnee wohl?

Die Rotgesichtsmakaken (Macaca fuscata) dürften die einzigen Affen sein, die Schnee mögen. Diese Affen leben auf den japanischen Inseln und sind vom subtropischen Flachland bis hinauf zum Hochgebirge verbreitet. Charakteristisch ist das nackte

rote Gesicht, daher auch der Name! Vor Temperaturen von bis zu minus 25 Grad Celsius schützt sie das besonders dichte Fell. Außerdem nutzen sie die heißen Quellen, die zahlreich in ihrem Verbreitungsgebiet vorkommen. Die Tiere sitzen oft stundenlang mitten im Schnee im Wasser und genießen das warme Bad.

Ein Rotgesichtsmakak im Schnee

Welches Tier hat die eigenartigste Jagdmethode?

Der Potto (Perodicticus potto), ein in Afrika lebender Affe, hat eine ganz besondere Methode, auf Beutejagd zu gehen: Er besitzt eine Drüse, die einen intensiven Geruch verbreitet, durch den Insekten angelockt werden. Die Krabbeltiere streben sogar aus einer Entfernung von bis zu 500 Metern auf die Duftquelle zu. Danach ist es ein Kinderspiel, diese zu fangen und zu verspeisen. Sollten einmal keine Insekten in der Nähe sein, frisst der Potto auch sehr gern die Früchte der Bäume, auf denen er sein ganzes Leben verbringt.

Welches ist der kleinste aller Affen?

Der Mausmaki (Microcebus murinus), ein Halbaffe, ist mit elf bis 13 Zentimetern Kopf-Rumpf-Länge und 50 bis 60 Gramm Gewicht der kleinste Affe der Welt. Er hat einen körperlangen (13 Zentimeter), buschigen Schwanz. Das auf Madagaskar heimische Tier lebt auf Bäumen und sucht nachts nach Insekten, Früchten und Blättern.

Das Zwergseidenäffchen (Cebuella pygmaea) macht dem Mausmaki Konkurrenz. Es hat eine Kopf-Rumpf-Länge von zwölf bis 15 Zentimetern, trägt aber einen 17 bis 23 Zentimeter langen Schwanz. Bei seiner Geburt wiegt es gerade einmal 15 Gramm, ausgewachsen 100 bis 120 Gramm. Es wohnt am Amazonas und in den Wäldern des nördlichen Südamerikas.

Der Mausmaki ist der kleinste Affe.

Wann lebte der größte Menschenaffe aller Zeiten?

Der riesige Gigantopithecus lebte vor etwa einer Million Jahren in Asien. Das gewaltige Tier wurde über drei Meter groß und wog vermutlich zwischen 300 und 500 Kilogramm. Nähere Angaben sind nicht möglich, da bisher hauptsächlich fossile Überreste von Kiefern und Zähnen gefunden wurden. Die Zähne waren ungefähr doppelt so breit wie die eines heute lebenden Gorillas. Der Gigantopithecus ernährte sich wahrscheinlich von harten Pflanzenteilen.

Die längsten Säugetierschwänze

Säugetier	Schwanzlänge
Asiatischer Elefant	bis 210 cm
Afrikanischer Elefant	bis 130 cm
Tiger	bis 110 cm
Hanumanlangur	bis 110 cm
Leopard	bis 100 cm
Rotes Riesenkänguru	bis 100 cm

Wie heißt der größte Baumbewohner unter den Säugetieren?

Die Orang-Utans (Pongo) sind die größten auf Bäumen lebenden Säugetiere der Welt. Diese Menschenaffen werden bis zu 1,5 Meter groß und bis zu 90 Kilogramm schwer. Ihre Arme sind sehr lang und können ausgestreckt über zwei Meter spannen. Orang-Utans kommen selten auf den Boden und bewegen sich dabei sehr vorsichtig.

Der Orang-Utan ist das größte auf Bäumen lebende Säugetier.

An Land

Wie heißt der größte und stärkste Affe?

Der größte und stärkste aller Affen ist der Gorilla (Gorilla gorilla). Das Männchen dieser Menschenaffen kann eine Körpergröße von bis zu 1,85 Metern bei einer Schulterbreite von über einem Meter erreichen und bis zu 275 Kilogramm schwer werden. Dieser Riese unter den Affen ist so stark, dass er einen fünf Zentimeter dicken Ast auf Anhieb mit den Zähnen durchbeißen kann. Die weiblichen Gorillas sind kleiner und leichter. Die friedlichen Tiere fressen am liebsten Blätter, Knospen, Beeren, Baumrinde und Farne.

Der Gorilla ist der größte Affe.

Wie groß war der kleinste Halbaffe der Urzeit?

Der kleinste Halbaffe der Urzeit war wahrscheinlich Nannopithex und hatte die Größe einer kleinen Maus. Er lebte im Eozän, vor etwa 45 Millionen Jahren, in der Gegend des heutigen Geiseltals bei Halle/Saale (Sachsen-Anhalt). Der Baumbewohner besaß Hände und Füße, mit denen er sehr gut nach Zweigen und dünnen Ästen greifen konnte. Er war ein geschickter Kletterer mit scharfen Augen. Halbaffen sind Vorfahren der späteren Affen und Menschenaffen.

Welche Landsäugetiere erreichen das höchste Lebensalter?

Der Asiatische oder Indische Elefant (Elephas maximus) ist zwar kleiner als sein afrikanischer Verwandter, wird aber mit etwa 80 Jahren älter als dieser und ist damit das älteste Landsäugetier der Welt. Der älteste Asiatische Elefant lebte im Zoo von Taipeh (Taiwan) und starb im Jahr 2003 im Alter von 86 Jahren.

Wer hat die längste Nase im Tierreich?

Natürlich der Elefant! Mit seinem bis zu 2,5 Meter langen Rüssel kann der Elefant nicht nur atmen und sehr gut riechen, sondern auch wie mit einer Hand greifen. So kann das größte Landsäugetier der Erde Äste und Pflanzen aus bis zu sieben Metern Höhe erreichen. Außerdem benützt es den Rüssel zum Fressen, zum Trinken und sogar für eine erfrischende Dusche.

Der Elefant hat die längste Nase.

Welches Säugetier hat die längste Tragezeit?

Indische Elefantenbabys kommen erst nach 22 Monaten zur Welt.

Der Asiatische oder Indische Elefant (Elephas maximus) ist der Rekordhalter in dieser Disziplin. Diese riesigen Landsäugetiere tragen ihren Nachwuchs 660 Tage oder 22 Monate lang aus — Menschenbabys werden dagegen schon nach neun Monaten geboren. Das Elefantenbaby ist bei seiner Geburt etwa einen Meter groß und wiegt durchschnittlich 100 Kilogramm.

Welches ist das größte lebende Landsäugetier?

Der Afrikanische Elefant (Loxodonta africana) ist das größte heute lebende Landsäugetier der Erde. Ein Elefantenbulle kann eine Schulterhöhe von bis zu vier Metern haben und über 7000 Kilogramm schwer werden. Die Kopf-Rumpf-Länge beträgt sechs bis 7,5 Meter. Die weiblichen Tiere sind kleiner und leichter als die Bullen. Im Gegensatz zum Indischen Elefanten besitzen sowohl die Männchen als auch die Weibchen Stoßzähne. Sie können beim Bullen bis zu drei Meter lang und 100 Kilogramm schwer sein. Diese Riesen fressen täglich etwa 150 Kilogramm Gras, Laub, Zweige, Wurzeln und Früchte.

Welches Tier hat die größten Ohren im Tierreich?

Der Afrikanische Elefant (Loxodonta africana) ist nicht nur das größte Landsäugetier auf der Erde, er besitzt auch die größten Lauscher der Welt. Die beiden Ohren eines solchen Riesen können zusammen eine Oberfläche von bis zu acht Quadratmetern haben — so groß wie ein kleines Zimmer.

Der Afrikanische Elefant hat die größten Ohren.

An Land

Welche Elefanten waren die kleinsten der Urzeit?

Elephas falconeri, eine Zwergform der Vorfahren des heutigen Indischen Elefanten, waren wahrscheinlich die kleinsten Elefanten. Dieser Minielefant hatte eine Schulterhöhe von höchstens 90 Zentimetern und lebte im späten Pleistozän, vor 120.000 bis 11.000 Jahren, auf Mittelmeerinseln. Seine Vorfahren, die etwa so groß waren wie unsere Elefanten und in Mitteleuropa lebten, konnten während der Eiszeiten aufgrund des niedrigen Meeresspiegels Inseln wie Malta, Zypern und Kreta erreichen. Hier in der Abgeschiedenheit entwickelte sich diese Zwergform.

Welcher Elefant war der größte der Urzeit?

Der ausgestorbene Europäische Waldelefant (Elephas antiquus) hatte eine Schulterhöhe von bis zu 4,2 Metern und war größer als ein heutiger Afrikanischer Elefant. Er lebte im mittleren und oberen Pleistozän, vor 780.000 bis etwa 20.000 Jahren, in Europa, Nordafrika und Vorderasien. Seine geraden Stoßzähne waren bis zu drei Meter lang und am Ende etwas gebogen. Er durchstreifte vor allem parkähnliche Landschaften und Laubwälder, besonders in den warmen Zwischeneiszeiten. Der ebenso große Steppenelefant ernährte sich hauptsächlich von Gräsern, Moosen und Flechten und lebte in Kaltzeiten. Um sich vor den niedrigen Temperaturen zu schützen, hatte er vermutlich ein warmes Fell.

Welches war das älteste Rüsseltier?

Die ältesten bekannten Rüsseltiere waren die Deinotherien oder Hauerelefanten, die unseren Elefanten sehr ähnlich waren.

Der deutsche Name bezieht sich auf ihre kräftigen Stoßzähne im Unterkiefer, die nach unten und hinten gebogen waren. Die Pflanzenfresser schälten mit ihren Stoßzähnen vermutlich Bäume oder gruben Knollen aus. Sie wurden bis zu vier Meter hoch und lebten im Miozän, vor etwa 20 Millionen Jahren, in Europa, Asien und Afrika.

Der Hauerelefant lebte vor etwa 20 Millionen Jahren.

Nicht nur Elefanten haben große Ohren!

Sehr große Ohren hat auch der Fennek oder Wüstenfuchs. Bei einer Gesamtkörperlänge von 40 Zentimetern sind allein seine Ohren 15 Zentimeter lang. Die benötigt der Fennek nicht nur zum Hören, sondern auch, um sich vor der Hitze der Wüste zu schützen. Da er nicht schwitzen kann, gibt er die Wärme des Körpers über die Ohren ab.

Wie hieß das Tier mit den längsten Zähnen im gesamten Tierreich?

Eine Mammutart, die vor etwa zwei Millionen Jahren lebte, dürfte die längsten Zähne von allen Tieren gehabt haben. Mammuthus trogontherii wurde etwa 4,5 Meter hoch und hatte Stoßzähne, die bis zu 5,2 Meter lang sein konnten. Die längsten Elefantenstoßzähne, die je gefunden wurden, waren 3,5 Meter lang.

Die längsten Säugetierzähne

Name	Zähne	Länge
Elefant	Stoßzähne	3,5 Meter
Narwal	Stoßzahn	3 Meter
Walross	Eckzähne	1 Meter
Warzenschwein	Eckzähne	0,6 Meter
Flusspferd	Eckzähne	0,5 Meter
Hirscheber	Eckzähne	0,3 Meter

Wo lebte der größte Hirsch der Urzeit?

Der größte Hirsch der Urzeit war im späten Pleistozän, vor etwa 120.000 Jahren, in Europa und Asien weitverbreitet. Der Megaloceros, auch Europäischer Riesenhirsch genannt, hatte eine Körperlänge von bis zu 2,5 Metern und trug ein Geweih, das eine Spannweite von 3,7 Metern und ein Gewicht von über 50 Kilogramm erreichte. Diese Tiere warfen ihr riesiges Geweih — wie alle Echten Hirsche — alljährlich ab, damit es neu nachwachsen konnte. Dieser

Der Megaloceros war der größte Hirsch der Urzeit.

Riesenhirsch starb in Mitteleuropa wahrscheinlich erst vor etwa 2500 Jahren aus.

Wie heißt der größte Hirsch der Welt?

Der größte heute lebende Hirsch der Erde ist der Alaska-Elch (Alces alces gigas). Ausgewachsene männliche Tiere können eine Schulterhöhe von bis zu 2,35 Metern und eine Körperlänge von bis zu 3,10 Metern erreichen. Sie wiegen meist um die 800 Kilogramm, einzelne Exemplare sogar bis zu 1000 Kilogramm. Allein ihr Geweih kann ein Gewicht von bis zu 45 Kilogramm und eine Breite von etwa zwei Metern haben. Der sibirische Vetter des Alaska-Elchs, der Kamtschatka-Elch (Alces alces buturlini), wird genauso groß und schwer.

Welcher Hirsch hat das längste Geweih?

Das längste Geweih trägt der Wapiti (Cervus elaphus canadensis), eine in Nordamerika lebende

An Land

Unterart des Rothirschs. Bei ausgewachsenen Männchen kann das Geweih vom Ansatz bis zur Spitze eine Länge von bis zu 165 Zentimetern erreichen. Der Wapiti ist übrigens nach dem Elch die zweitgrößte Hirschart der Welt.

Das Geweih des Wapiti ist das längste.

Welches ist das größte Säugetier Deutschlands?

Der Mitteleuropäische Rothirsch (Cervus elaphus), dessen Männchen bis zu 2,5 Meter lang und bis zu 350 Kilogramm schwer werden, ist das größte Säugetier Deutschlands. Seine in Nordamerika und Nordostasien heimischen Verwandten, zu denen zum Beispiel auch der Wapiti zählt, sind normalerweise deutlich größer.

Wie heißt der kleinste Hirsch der Welt?

Der Südliche Pudu (Pudu puda) ist der kleinste Echte Hirsch der Welt. Bei einer Schulterhöhe von 32 bis 38 Zentimetern wiegt er 6,3 bis 8,2 Kilogramm. Das im südlichen Teil der Anden (Südamerika) lebende Tier wirkt wenig hirschähnlich, hat einen gedrungenen Körper und kurze Beine. Die Männchen tragen kleine, unverzweigte Geweihe von etwa acht Zentimetern Länge, die wie bei allen Hirschen einmal im Jahr abgeworfen werden und dann nachwachsen. Dieser Minihirsch ist vom Aussterben bedroht.

Welches Landsäugetier unternimmt die längste Wanderung?

Das Landsäugetier, das jedes Jahr die längste Wanderung unternimmt, ist das Rentier (Rangifer tarandus). Das in Nordeuropa, Nordasien und Nordamerika heimische Tier wandert jedes Jahr bis zu 4800 Kilometer weit, um sich von dem nahrhaften Gras und den Pflanzen der Tundra zu ernähren. Im Winter frisst es hauptsächlich Flechten. Das Ren ist die einzige Hirschart, bei der Männchen und Weibchen ein Geweih tragen.

Rentiere unternehmen die längsten Wanderungen.

Welche Säugetiere halten es trotz Hitze am längsten ohne Wasser aus?

Kamele kommen am längsten ohne Wasser aus.

Kamele (Camelidae) kommen bei großer Hitze zwischen einer und zwei Wochen ohne Trinken aus — das ist zehnmal länger als beim Menschen, der es nur zwölf bis 20 Stunden ohne Wasser aushält. Kamele speichern nicht, wie viele glauben, Wasser in den Höckern, sondern gleichen die Wasserverluste beim Trinken aus. Sie können in zehn Minuten über 100 Liter Wasser trinken! Anders als bei anderen Säugetieren ist ihr Urin konzentrierter und ihr Kot trockener, das heißt, sie scheiden weniger Wasser aus. Aber auch wenn sie so viel Wasser verlieren, dass sie nur noch 60 Prozent ihres ursprünglichen Gewichts haben, schadet ihnen das nicht. Dazu kommt, dass Kamele erst bei einer Körpertemperatur von 40 bis 42 Grad Celsius zu schwitzen beginnen — auch das spart Wasser!

Welche Antilope ist die größte und schwerste der Welt?

Die größte Antilope der Welt ist die afrikanische Elenantilope (Taurotragus oryx), auch Eland genannt. Die Männchen haben eine Schulterhöhe von 1,5 bis zwei Metern. Sie werden zwei bis drei Meter lang und können bis zu 1000 Kilogramm schwer werden. Die weiblichen Tiere sind kleiner und wiegen wesentlich weniger.

Wie heißt die kleinste Antilopenart der Welt?

Die kleinsten Antilopen der Welt stammen aus Afrika und heißen Dikdik (Madoqua). Diese Zwergantilopen werden nur etwas größer als ein Hase. Sie sind zwischen 50 und 70 Zentimeter lang, 30 bis 40 Zentimeter hoch und wiegen drei bis sieben Kilogramm. Den lustigen Namen verdanken diese Tiere den Lauten, die sie bei Gefahr ausstoßen — dik dik, dik dik!

Die kleinste Antilope der Welt heißt Dikdik.

An Land

Welches Tier kann Steilhänge am schnellsten erklimmen?

Gämsen sind geschickte Kletterer.

Wohl kaum ein anderes Tier kann sich an steilen Felshängen so schnell und so sicher bewegen wie die Gämsen (Rupicapra rupicapra), die in Höhen zwischen 1000 und 4700 Metern leben. In einer Viertelstunde können sie einen Höhenunterschied von 1000 Metern überwinden.

Wo lebt das größte Wildrind der Welt?

Das größte heute lebende Wildrind der Welt ist der Gaur (Bos frontalis), der in Süd- und Südostasien, vor allem Indien, heimisch ist. Ein männlicher Gaur kann bis zu drei Meter lang, 2,20 Meter hoch und über eine Tonne schwer werden. Die weiblichen Tiere sind etwa um ein Viertel kleiner. Aufgrund der Bejagung durch den Menschen und aufgrund von Viehseuchen zählt der Gaur heute zu den gefährdeten Tierarten.

Welches Säugetier trägt das größte Gehörn?

Der Große Kudu (Tragelaphus strepsiceros), eine im Süden und Osten Afrikas lebende Antilope, besitzt das größte Gehörn im Tierreich. Das Männchen trägt ein prächtiges Schraubengehörn, das bis zu 1,81 Meter lang werden kann. Kämpfende Böcke schieben und drücken sich mit ineinandergreifenden Hörnern hin und her. Diese Tiere ernähren sich vor allem von Blättern der Büsche.

Welches Säugetier kann am höchsten springen?

Der beste Hochspringer unter den Säugetieren ist der Klippspringer (Oreotragus oreotragus). Diese höchstens 60 Zentimeter hohe, zierliche Antilopenart schafft aus dem Stand Hochsprünge von bis zu acht Metern. Der Klippspringer ist der einzige Paarhufer, der nur mit den Spitzen seiner senkrechten Hufe auftritt. Der Mensch müsste auf den Spitzen seiner Zehennägel balancieren, um diese Gangart nachzuahmen. Der Puma (Profelis concolor) ist ebenfalls ein hervorragender Hochspringer — er bringt es immerhin auf sieben Meter.

Auch der Springbock macht hohe Sprünge!

Der Springbock, eine afrikanische Antilope, kann senkrechte Sprünge aus dem Stand machen und dabei Höhen von 3,5 Metern erreichen.

Welches Säugetier hält die höchsten Temperaturen aus?

Oryxantilopen haben mit hohen Temperaturen kein Problem.

Die Oryxantilope (Oryx leucoryx) ist ein Wüstenbewohner Afrikas und der Arabischen Halbinsel. Daher hält sie Temperaturen aus, die kein anderes Säugetier überleben würde. Sie kann stundenlang in der prallen Sonne stehen und kommt bei 45 Grad Celsius acht Stunden ohne Trinkwasser aus. Dabei erhitzt sich ihr Körper ohne Probleme auf 45 Grad. Wissenschaftler haben keine Erklärung dafür, wie die Tiere dies schaffen, ohne dabei ihrem Stoffwechsel Schaden zuzufügen. Ein Mensch würde bei dieser Körperinnentemperatur sterben.

Welches Säugetier trägt das längste Fell?

Der Moschusochse (Ovibos moschatus) hat das längste Fell im Tierreich. Da er eines der am weitesten im Norden lebenden Landsäugetiere ist, braucht er natürlich einen besonderen Schutz vor der extremen Kälte. Seine Fellhaare sind am Rücken 15 bis 20 Zentimeter, an Hals, Brust und

Hinterteil bis zu 90 Zentimeter lang. Die dichte Unterwolle ist sehr fein und schützt das Tier nicht nur gegen die Kälte von bis zu minus 50 Grad Celsius, sondern auch gegen den eisigen Wind. Der Moschusochse kommt heute nur noch in arktischen Bereichen Kanadas und Grönlands vor.

Welches Säugetier läuft auf langen Strecken am schnellsten?

Der Gabelbock ist sehr ausdauernd.

Der Gabelbock oder die Gabelhornantilope (Antilocapra americana) ist ein sehr ausdauerndes Tier und kann auf längeren Distanzen bis zu 88 Kilometer in der Stunde laufen. Ein zwei Tage altes männliches Tier ist schneller als ein Sprinter, ein vier Tage alter Gabelbock läuft schneller als ein Pferd. Der in Nordamerika heimische Hornträger ist heute nur noch selten anzutreffen.

Wie heißt das kleinste Huftier der Welt?

Der Kleinkantschil (Tragulus javanicus) ist ein Säugetier aus der Familie der Hirschferkel und das kleinste Huftier der Welt. Dieses in Südostasien heimische Tier wird 45 bis 55 Zentimeter lang,

An Land

nur 20 bis 25 Zentimeter hoch und wiegt höchstens 2,5 Kilogramm. Der Kleinkantschil ist ein Wiederkäuer, also ein Pflanzenfresser mit einem mehrteiligen Magen. Wiederkäuer würgen den vorverdauten Nahrungsbrei aus dem Magen wieder hoch und zerkauen ihn nochmals, bevor dieser endgültig verdaut wird. Wiederkäuer sind zum Beispiel Rinder, Schafe und Ziegen, aber auch Hirsche und Giraffen zählen dazu.

Welches ist das Säugetier mit der größten Körperhöhe?

Das Säugetier mit der größten Höhe ist die Giraffe (Giraffa camelopardalis). Die männlichen Tiere erreichen normalerweise eine Standhöhe von

bis zu 5,5 Metern. Die größte jemals registrierte Giraffe wurde allerdings sogar 5,8 Meter hoch. Diese langhalsigen Tiere leben in den Savannen Afrikas. Dank ihrer Körpergröße können sie Blätter und Knospen in den Baumwipfeln fressen und nahende Gefahren, zum Beispiel Leoparden, Löwen und Hyänen, rechtzeitig sehen.

Giraffen sind die höchsten Säugetiere.

Welche Tiere liefern sich die heftigsten Kämpfe?

Auch wenn Flusspferde (Hippopotamus amphibius) friedlich und gemütlich wirken, gelten ihre Kämpfe untereinander als die heftigsten im gesamten Tierreich. Die pflanzenfressenden Kolosse — sie werden etwa 2700 bis 4500 Kilogramm schwer — sind in Afrika beheimatet. Sie leben in Gruppen von bis zu 20 Tieren (Weibchen und Jungtiere) in fest

Flusspferde liefern sich schwere Kämpfe.

abgegrenzten Revieren an Land, aber auch im Wasser. Diese Gruppen werden von älteren männlichen Tieren (Bullen) geführt. Bei der Verteidigung der Reviere kommt es zwischen rivalisierenden Bullen immer wieder zu schweren Kämpfen, die sogar tödlich enden können.

Welches Säugetier benötigt am wenigsten Schlaf?

Das Säugetier, das am wenigsten schläft, ist das Okapi (Okapia johnstoni), auch Waldgiraffe genannt. Dieser pflanzenfressende Paarhufer aus der Familie der Giraffenartigen schläft insgesamt nur fünf Minuten in 24 Stunden. Die Tiere liegen zwar etwa sechs Stunden in der Nacht, aber der Tiefschlaf — das ist der Zeitraum, in dem das Tier nichts wahrnimmt — dauert jeweils nur 30 Sekunden. Diese Phase tritt etwa zehnmal in einer Nacht ein.

Säugetiere

Säugetiere (wissenschaftlich Mammalia) sind die höchst entwickelte Klasse der Wirbeltiere. Sie entstanden vor rund 180 Millionen Jahren. Heute gibt es etwa 6000 lebende Arten.

der Temperatur der Umgebung immer gleich; sie liegt gewöhnlich bei 36 bis 39 Grad Celsius, bei den wenigen Eier legenden Säugern bei 29 bis 32 Grad Celsius. Alle Säugetiere atmen durch Lungen. Sie besitzen einen Atemmuskel, den andere Tiere nicht haben: das sogenannte Zwerchfell, das den Körper in Brust- und Bauchhöhle trennt. Das Gehirn ist bei den Säugern sehr viel stärker entwickelt als bei allen anderen Tiergruppen. Säugetiere haben sehr leistungsfähige Sinnesorgane, das Gehör ist dem der meisten anderen Tiergruppen überlegen.

Merkmale

Alle Säugetiere haben gemeinsame charakteristische Merkmale: Die Weibchen säugen ihre Jungen mit Milch. Außerdem tragen sie in der Regel ein Haarkleid, zumindest im Mutterleib wie bei den Walen. Alle Säuger sind Warmblüter. Das heißt, ihre Körpertemperatur bleibt unabhängig von

Säugetiere säugen ihre Jungen.

Wie gebären Säugetiere?

Die Säugetiere werden in drei Unterklassen gegliedert:

1. Eier legende Säugetiere oder Kloakentiere: Diese Ursäuger haben eine Kloake. Das ist eine gemeinsame Öffnung für Ausscheidungs- und Fortpflanzungsorgane. Diese Säugetiere (zum Beispiel das Schnabeltier) legen Eier, die Vogeleiern ähneln, und bebrüten sie etwa zehn Tage lang. Die ausgeschlüpften Jungen sind nackt und noch nicht voll entwickelt. Sie werden gesäugt.

2. Beutelsäuger: Diese Säugetiere (zum Beispiel das Känguru) bringen zwar lebende Junge zur Welt, die aber winzig und noch nicht voll entwickelt sind. Sie wandern nach der Geburt in den Beutel der Mutter und saugen sich dort an den Zitzen fest, um zu trinken. Sie verlassen den Beutel erst, wenn sie voll entwickelt sind.

3. Höhere Säugetiere: Diese Unterklasse der Säuger umfasst die meisten Arten. Höhere Säugetiere bringen lebende, im Mutterleib voll entwickelte Junge zur Welt, die anschließend gesäugt werden. Die Tragzeiten sind bei den einzelnen Arten unterschiedlich.

Verbreitung und Lebensraum

Säugetiere kommen auf allen Erdteilen und in allen Meeren vor. Durch ihre große Anpassungsfähigkeit haben sie alle Lebensräume erobert. Man findet sie im Flachland, im Hochgebirge, in gemäßigten Regionen, in Wüsten

Eisbären haben sich perfekt ihrem kalten Lebensraum angepasst.

und tropischen Gebieten. Säugetiere leben sogar in der Arktis, nur in der Tiefsee und der Antarktis kommen sie nicht vor.

Lebensweise und Ernährung

Viele Säugetierarten leben gesellig in kleineren oder größeren Gruppen, während andere Einzelgänger sind. Manche sind am Tage aktiv, manche in der Nacht.

Säugetiere müssen täglich jede Menge fressen.

Da die Säugetiere Warmblüter sind, haben sie einen ziemlich hohen Energiebedarf und müssen täglich eine Menge fressen. Manche Arten ernähren sich nur von Pflanzen, andere sind reine Fleischfresser, wieder andere verspeisen alles, was sie finden können, sind also Allesfresser. Das Säugetiergebiss ist stark differenziert, das heißt, es ist den verschiedenen Ernährungsweisen der einzelnen Arten sehr genau angepasst. Aus diesem Grund waren die Säugetiere so erfolgreich und konnten sich den unterschiedlichsten Lebensräumen anpassen.

Vielfalt im Körperbau

Während ihrer Entwicklungsgeschichte bildeten die Säugetiere die verschiedensten Formen, um ihr Überleben in den unterschiedlichsten Lebensräumen zu sichern. Wale zum

Wale haben sich vom Körperbau her ihrem Lebensraum angepasst.

Beispiel haben sich der Lebensweise im Wasser angepasst und eine ähnliche Körperform wie die Fische entwickelt. Fledermäuse haben die Lüfte erobert und können wie die Vögel aktiv fliegen. Bei vielen Bewohnern offener Landschaften, wie Grasebenen, bildeten sich Hufe aus, um sich auf diesem Gelände besser fortbewegen zu können.

Auch was die Größe der einzelnen Arten betrifft, herrscht eine enorme Vielfalt: Während das kleinste aller Säugetiere, die Schweinsnasenfledermaus, etwa drei Zentimeter misst, kann das größte aller Säugetiere, der Blauwal, 35 Meter lang werden.

Welches war das kleinste Nashorn der Urzeit?

Das wahrscheinlich kleinste Nashorn hieß Dicerorhinus tagicus moguntianus und war im Miozän, vor etwa 20 Millionen Jahren, in Europa verbreitet. Es wurde höchstens 85 Zentimeter hoch, wie ein 1911 in Budenheim bei Mainz entdecktes Skelett zeigt. Dieser Pflanzenfresser gilt als der Urahn des heutigen Sumatra-Nashorns (Dicerorhinus sumatraensis), das vom Aussterben bedroht ist.

Welches Säugetier ist das kurzsichtigste von allen?

Nashörner (Rhinocerotidae) dürften die kurzsichtigsten Großsäugetiere sein. Sie können auf zehn bis 20 Meter Entfernung einen Menschen nicht von einem Baum unterscheiden. Dafür können sie sehr gut hören und riechen — also, auf keinen Fall in die Nähe dieser Kolosse kommen!

Nashörner sind sehr kurzsichtig.

Wann lebte das kleinste Wildschwein der Urzeit?

Das kleinste Wildschwein, das man Choeritherium oder Taucanamo nennt, lebte im Miozän, vor etwa 20 Millionen Jahren, in den Sumpfwäldern Europas. Die ausgewachsenen Tiere erreichten nur die Größe heutiger Ferkel.

Wissenswertes über die Nashörner

Nashörner sind die größten Landsäugetiere nach den Elefanten. Ausgewachsene Exemplare des Spitzmaulnashorns können zum Beispiel bis zu vier Meter lang, 1,5 Meter hoch und bis zu 1,5 Tonnen schwer werden.

Welches war das größte Landsäugetier der Urzeit?

Das größte Landsäugetier aller Zeiten war das riesenhafte Nashorn Indricotherium, das man auch unter dem Namen Baluchitherium kennt. Es hatte eine Schulterhöhe von sechs Metern, eine Länge von neun Metern und war etwa 30 Tonnen schwer. Dieser Gigant lebte im Oligozän, vor mehr als 25 Millionen Jahren, in Asien, unter anderem in Baluchistan (Pakistan). Der Schädel allein war etwa 1,30 Meter, sein Hals 2,50 Meter lang. Äußerlich ähnelte dieses Säugetier eher einem

An Land

riesigen Pferd als einem Nashorn, denn es trug kein Horn. Es ernährte sich hauptsächlich vom Laub der Bäume.

Nachbildung des riesigen Urzeitnashorns Indricotherium

Welches Säugetier hat die fettreichste Ernährung?

Dieser Rekord gehört vermutlich dem Eisbären (Ursus maritimus). Er ernährt sich im Frühjahr und Frühsommer hauptsächlich von den Jungen der Ringelrobben. Der Kör-

per der eben entwöhnten Jungtiere besteht bis zu 50 Prozent aus Fett. Wenn es viel Robbennachwuchs gibt, fressen die Eisbären oft nur die obere Fettschicht und lassen den Rest ihrer Beute liegen.

Der Eisbär ernährt sich am fettreichsten.

Welcher Bär unternimmt die weitesten Wanderungen?

Eisbären (Ursus maritimus) haben kein festes Revier und sind jeden Tag auf Streifzug. Sie leben meist am Rand der Eisgrenze und wandern daher im Winter nach Süden und im Sommer nach Norden. Dabei legen sie am Tag oft 80 Kilometer oder mehr zurück. Die etwa 2,5 Meter langen und 500 Kilogramm schweren Tiere sind auch ausgezeichnete Schwimmer und Taucher.

Eisbären unternehmen lange Wanderungen.

Welches ist das kleinste Huftier der Welt?

Das etwa hasengroße Hirschferkel (Hyemoschus aquaticus) mit dem altertümlichen Körperbau ist das kleinste aller lebenden Huftiere. Es hat einen buckligen Rücken, einen kleinen Kopf und dünne Beine. Seine Kopf-Rumpf-Länge liegt zwischen 40 und 85 Zentimetern, das Gewicht zwischen zwei und zwölf Kilogramm. Dieser Paarhufer trägt weder Hörner noch ein Geweih, dafür sind die Eckzähne vergrößert. Das Hirschferkel, das in West- und Zentralafrika heimisch ist, frisst Blätter und Früchte, aber auch Insekten, Würmer, Fische und kleine Säugetiere.

Welches ist die kleinste Hunderasse der Welt?

Die kleinste Hunderasse der Welt ist der Chihuahua, der aus Mexiko stammt. Er wird nur bis zu 22 Zentimeter hoch und ein bis drei Kilogramm schwer. Obwohl er so klein ist, verfügt der Chihuahua über ein lebhaftes Temperament und eine große Portion Selbstbewusstsein.

Chihuahuas sind klein, aber oho!

Welche Hunderasse ist die schnellste der Welt?

Die schnellsten Hunde sind die Windhunde, die auf Schnelligkeit gezüchtet werden. Der englische Greyhound beispielsweise kann Spitzengeschwindigkeiten von bis zu 80 Kilometern in der Stunde erreichen. Damit kommt er fast an das schnellste Säugetier, den Gepard mit 105 Kilometern in der Stunde, heran.

Wie heißt die größte Hunderasse der Welt?

Der Irische Wolfshund ist der Riese unter den Hunderassen. Die Rüden (Männchen) haben eine durchschnittliche Schulterhöhe von 80 bis 85 Zentimetern, gelegentlich werden sie sogar über 100 Zentimeter hoch. Der größte Hund der Welt kann 55 bis 65 Kilogramm schwer werden. Zu den größten Hunderassen der Welt zählt des Weiteren auch die Deutsche Dogge. Hier können die Rüden eine Schulterhöhe von 80 bis 90 Zentimetern und ein Gewicht von etwa 70 Kilogramm erreichen.

Welche Hunderassen sind am schwersten?

Die schwersten Hunderassen der Welt sind der Altenglische Mastiff und der Bernhardiner. Der Mastiff wird jedoch mit durchschnittlich 75 bis 100 Kilogramm Gewicht etwas schwerer als der Bernhardiner mit etwa 70 bis 85 Kilogramm und dürfte somit den Weltrekord für sich beanspruchen. Der schwerste Mastiff, der jemals bekannt wurde, brachte bei 95 Zentimetern Schulterhöhe sogar 155,58 Kilogramm auf die Waage. Normalerweise erreichen beide Rassen eine durchschnittliche Schulterhöhe von etwa 80 Zentimetern.

Bernhardiner zählen zu den schwersten Hunderassen.

Welche Hunderasse gilt als die stärkste der Welt?

Der Neufundländer ist zwar nicht der größte und schwerste Hund der Welt, aber wahrscheinlich der stärkste. Er wird nicht höher als 70 Zentimeter und

An Land

Die größten und schwersten Hunderassen der Welt

Die Rekordhalter	Schulterhöhe (Zentimeter)	Gewicht (Kilogramm)
Irischer Wolfshund	80 bis 100	55 bis 65
Deutsche Dogge	80 bis 90	bis 70
Barsoi	65 bis 82	35 bis 45
Anatolischer Karabasch	70 bis 80	40 bis 65
Mastiff	um 80	75 bis 100
Bernhardiner	70 bis 80	70 bis 85

Der starke Neufundländer zählt zu den Arbeitshunden.

nicht schwerer als 79 Kilogramm, kann aber Lasten von fast 500 Kilogramm über den Boden ziehen. Deshalb zählt der Neufundländer zu den Arbeitshunden. Früher half er den Fischern, Netze und Boote an Land zu ziehen und wurde im Winter als Zughund vor Schlitten gespannt.

Welches fleischfressende Landsäugetier war das größte der Urzeit?

Mit seinem riesenhaften Schädel von fast einem Meter Länge gilt Andrewsarchus als das größte fleischfressende Säugetier des Festlands. Das Tier wurde nach seinem Entdecker, dem Forscher Roy Chapman Andrews, benannt. Es hatte sehr große Zähne, mit denen es die Nahrung zerreißen und zermalmen konnte. Dieser Räuber erreichte eine

Körperlänge von ungefähr vier Metern und vermutlich eine Schulterhöhe von etwa zwei Metern. Da man bisher noch keine vollständigen Skelette gefunden hat, weiß man heute nur sehr wenig über die Lebensweise des Landsäugetiers. Wahrscheinlich jagte es nicht selbst, sondern war ein Aasfresser. Dieses urtümliche Tier lebte im späten Eozän, vor etwa 40 Millionen Jahren, in Asien.

Welches ist die schnellste Robbe an Land?

Die schnellste Robbe an Land ist der Krabbenesser (Lobodon carcinophagus). Diese Tiere können sich mit einer Geschwindigkeit von 25 Kilometern in der Stunde auf dem Eis vorwärtsbewegen. Bei einem durchschnittlichen Gewicht von 225 Kilogramm sind sie schneller als die besten Läufer bei einem 10.000-Meter-Lauf. Das erreichen sie durch extrem schnelle Schaufelbewegungen der Vorderflossen. Der Krabbenesser verdankt seinen Namen seiner besonderen Ernährungsweise — er frisst vor allem Krill. Das sind Kleinkrebse, die einen Teil des Planktons bilden. Diese häufigste Robbenart verbringt ihr ganzes Leben im Meer oder auf dem Packeis.

Welches Landsäugetier läuft am schnellsten?

Der Gepard kann bis zu 105 Kilometer in der Stunde schnell laufen.

Der in Afrika und Asien heimische Gepard (Acinonyx jubatus) ist das schnellste Landsäugetier auf kurzen Entfernungen. Im Spurt erreicht er Geschwindigkeiten bis zu 105 Kilometern in der Stunde und kann von null auf 100 Kilometer in der Stunde in nur drei Sekunden beschleunigen. Er hat jedoch wenig Durchhaltevermögen, daher versucht er, so nah wie möglich an seine Beute heranzukommen, um sie dann mit hoher Geschwindigkeit zu fangen. Wenn er das nicht schafft, gibt er die Jagd auf. Im alten Ägypten wurden Geparde übrigens auch dressiert und zu Jagdbegleitern abgerichtet.

Höchstgeschwindigkeiten auf kurzer Distanz

Windhund	110 Kilometer in der Stunde
Pferd	70 Kilometer in der Stunde
Feldhase	70 Kilometer in der Stunde
Eisbär	40 Kilometer in der Stunde
Mensch	37 Kilometer in der Stunde
Gartenschnecke	0,005 Kilometer in der Stunde

Welches ist das älteste von Menschen gehaltene Raubtier?

Die Falbkatze (Felis silvestris lybica) dürfte das älteste von Menschen gehaltene Raubtier sein. Sie war vermutlich schon vor 6000 vor Christus ein beliebtes Haustier bei den alten Ägyptern. Sie ähnelt stark unseren heutigen Kurzhaarkatzen, ist aber etwas größer und schwerer als diese. Die Falbkatze gilt als die Vorfahrin der Hauskatze.

Die Falbkatze war schon das Haustier der alten Ägypter.

Welcher Gepard war der größte der Urzeit?

Die größten Geparden lebten im Pleistozän, vor mehr als 500.000 Jahren, in Europa. Die fossilen Skelettfunde deuten darauf hin, dass die Raubkatze Acinonyx pardinensis größer und schwerer war als ihre heutigen Nachkommen in Asien und Afrika, die einen 1,35 Meter langen Rumpf und einen bis zu 75 Zentimeter langen Schwanz haben.

An Land

Welches ist die größte Katze der Welt?

Der Sibirische Tiger (Panthera tigris altaica), eine Unterart des Tigers, ist die größte aller heute lebenden Katzen. Er hat eine Kopf-Rumpf-Länge von 1,8 bis 2,9 Metern, eine Schwanzlänge von etwa einem Meter und bringt 100 bis 320 Kilogramm auf die Waage. Allerdings gibt es auch Ausnahmen: Der schwerste bisher registrierte Sibirische Tiger wog sage und schreibe 384 Kilogramm! Wie alle Tiger ist auch diese Unterart durch die Zerstörung ihres Lebensraums stark gefährdet.

Der Sibirische Tiger ist die größte Katze der Welt.

Wann lebte die größte Säbelzahnkatze?

Die größte Säbelzahnkatze, Eusmilus, trat in Europa gegen Ende des Eozäns, vor ungefähr 40 Millionen Jahren, auf und breitete sich im Oligozän, vor etwa 35 Millionen Jahren, über die Landbrücke im heutigen Beringmeer nach Nordamerika aus. Diese Raubkatze mit den gewaltigen Eckzähnen im Oberkiefer erreichte eine Gesamtlänge von 2,5 Metern, war also so groß wie ein heutiger Leopard. Ihr Kiefergelenk war so gebaut, dass sie das Maul besonders weit (im rechten Winkel) aufreißen konnte.

Welches ist die kleinste Katzenart der Welt?

Diesen Rekord hält die Rostkatze (Prionailurus rubiginosus), die in Südindien und Sri Lanka zu Hause ist. Sie wird 35 bis 40 Zentimeter groß und hat einen Schwanz von 15 bis 20 Zentimeter Länge. Männchen wiegen etwa 1,5 Kilogramm, Weibchen etwas weniger. Ihren Namen verdankt diese Katze den rostbraunen Flecken auf ihrem Fell. Ein Mitstreiter um diesen Titel ist die afrikanische Schwarzfußkatze (Felis nigripes) mit etwa 45 Zentimeter Körpergröße und einem Gewicht von 1,5 bis zwei Kilogramm.

Die Rostkatze ist die kleinste Katze der Welt.

Wie heißt die größte Raubkatze Südamerikas?

Der Jaguar ist die größte Raubkatze Südamerikas.

auf einen Kilometer Entfernung zu unterscheiden. Er trägt auch einen mähnenartigen Backenbart, der wie ein Schalltrichter wirkt und das Gehör zusätzlich verbessert. Diese Raubkatze hat auch sehr gute Augen — sie kann eine Maus noch aus einer Entfernung von 75 Metern entdecken.

Der Luchs hört am besten.

Wissenswertes: Wer hört was?

Mensch	bis 20 Kilohertz
Hund und Katze	50 Kilohertz
Delfine und Wale	80 Kilohertz
Fledermäuse	200 Kilohertz

Die größte Raubkatze Mittel- und Südamerikas ist der Jaguar (Panthera onca), der nach dem Tiger und dem Löwen auch die drittgrößte der Welt ist. Äußerlich ähnelt er dem Leopard, ist aber mit einer Kopf-Rumpf-Länge von 150 bis 180 Zentimetern größer als sein Verwandter aus der Alten Welt. Sein Schwanz ist 40 bis 70 Zentimeter lang; das Männchen wird etwa 110 Kilogramm schwer.

Welches Säugetier hat das beste Gehör?

Die schärfsten Ohren aller Säugetiere hat der Luchs (Lynx lynx). Die bis zu vier Zentimeter langen Haarpinsel an seinen Ohren dienen ihm als eine Art Antenne — mit ihrer Hilfe kann er feststellen, aus welcher Richtung ein Geräusch kommt. Die äußerst dünnen Haare ermöglichen ihm, die Geräusche bis

Welches war der größte Löwe der Urzeit?

Als der größte aller Löwen gilt der Amerikanische Höhlenlöwe (Panthera leo atrox), der in Nordamerika und im nördlichen Südamerika verbreitet war. Er lebte im späten Pleistozän, vor mehr als 12.000 Jahren, und war vermutlich während der letzten Eiszeit über die Landbrücke in der Beringsee nach Nordamerika gelangt. Diese riesige Raubkatze erreichte inklusive Schwanz eine Gesamtlänge von

An Land

bis zu 3,6 Metern. Die heutigen Löwen erreichen eine Gesamtlänge von etwa drei Metern. Der Europäische Höhlenlöwe (Panthera leo spelaea) war vermutlich ähnlich groß.

Wie groß wird das kleinste Raubtier?

Das Mauswiesel (Mustela nivalis) ist das kleinste lebende Raubtier und hat eine Kopf-Rumpf-Länge zwischen elf und 26 Zentimetern. Sein Schwanz ist zwei bis acht Zentimeter lang, sein Gewicht liegt zwischen 25 und 250 Gramm. Dieser Räuber ist so klein, dass er seiner Hauptbeute, den kleinen Wühlmäusen, in ihre Gänge hinein folgen kann. Weil das Mauswiesel so winzig ist, muss es auch dauernd fressen: Männliche Tiere verspeisen bis zu fünf, weibliche Tiere bis zu zwei Mäuse pro Tag. Außerdem bewegen sich Mauswiesel so schnell, dass ihre Bewegungen uns wie im Zeitraffer erscheinen.

Das Mauswiesel ist das kleinste Raubtier.

Welches ist der kleinste aller Marder?

Der kleinste Marder der Welt ist das Zwerg- oder Mauswiesel (Mustela nivalis) mit einer Kopf-Rumpf-Länge zwischen elf und 26 Zentimetern, einer

Schwanzlänge von zwei bis acht Zentimetern und einem Gewicht zwischen 25 und 250 Gramm. Dieser Winzling ist aber nicht nur der kleinste Marder, er hält auch noch einen weiteren Rekord: Er ist das kleinste lebende Raubtier auf der Erde.

Wie lang wird der größte Marder der Welt?

Der größte aller Marder ist der Riesenotter (Pteronura brasiliensis), der in Südamerika im Regenwald im Amazonasgebiet heimisch ist. Er erreicht eine Gesamtlänge von einem bis 1,5 Metern, davon macht der Schwanz etwa 70 Zentimeter aus. Ausgewachsene Tiere wiegen bis zu 34 Kilogramm. Der ausgezeichnete Schwimmer und Taucher verbringt einen Großteil seiner Zeit im Wasser. Der Riesenotter ist stark vom Aussterben bedroht.

Der Riesenotter ist der weltweit größte Marder.

Welche Säugetiere bauen die größten Wohnhöhlen?

Die Dachse (Meles meles) errichten wohl die größten unterirdischen Behausungen im Tierreich. Sie graben sich im Boden eine Höhlenanlage mit meh-

Dachse errichten die größten unterirdischen Behausungen.

reren 100 Meter langen Höhlengängen. Der Wohnkessel liegt ungefähr in fünf Meter Tiefe und ist über zahlreiche Gänge mit der Oberfläche verbunden. Ein Dachsbau wird über Jahrzehnte, sogar Jahrhunderte benutzt und jede Generation erweitert ihn. Ein in England untersuchter Dachsbau hatte 78 Kammern und 178 Ausgänge.

Welches Tier ist der beste Schütze unter den Säugern?

Das Stinktier (Mephitis mephitis) dürfte der beste Schütze unter den Säugetieren sein. Dieses kleine Raubtier, das in Amerika vorkommt, sollte man nicht reizen. Es erhebt dann sein Hinterteil gegen den

Angreifer, richtet den buschigen Schwanz auf und spritzt ihm eine übel riechende Flüssigkeit entgegen. Das Stinktier hat besondere Drüsen, die das streng riechende Sekret absondern. Da es diese Flüssigkeit drei Meter oder noch weiter versprühen kann, sollte man vorsichtshalber immer genügend Abstand halten!

Welche Tiere zählen zu den schläfrigsten der Welt?

Der Igel (Erinaceus europaeus) zählt auf jeden Fall zu den schläfrigsten Tieren der Welt. Der Insektenfresser schläft etwa 18 bis 20 Stunden am Tag, aber natürlich nicht durchgehend. Das stachelige Tier ist dämmerungsaktiv und macht sich abends auf die Suche nach etwas Essbarem. Seine Futtersuche unterbricht es jedoch immer wieder, rollt sich zu einer Kugel zusammen und macht ein Nickerchen. Aber auch Fledermäuse, Katzen und Opossums sind mit ebenso viel Schlafbedürfnis äußerst müde Zeitgenossen.

Igel sind richtige Schlafmützen.

An Land

Wie groß wird der größte Insektenfresser?

Der Große Rattenigel (Echinosorex gymnurus) ist der größte aller Insektenfresser und wird etwa kaninchengroß. Er erreicht eine Kopf-Rumpf-Länge von 26 bis 45 Zentimetern und trägt einen etwa 15 bis 30 Zentimeter langen Schwanz, der wenig behaart und beschuppt ist. Dieser Riese unter den Igeln lebt in den Sümpfen und Wäldern der Malaiischen Halbinsel sowie auf Sumatra und Borneo. Neben seiner Leibspeise, den Insekten, jagt er auch gern in Flüssen nach Krustentieren und Fröschen.

Welches war das größte Faultier der Urzeit?

Megatherium ist das größte, den Boden bewohnende Faultier, das je gelebt hat. Dieses gigantische Lebewesen erreichte eine Länge von sechs Metern und wog wahrscheinlich etwa drei Tonnen. Es war im Pleistozän über Südamerika verbreitet und starb vor etwa 10.000 Jahren aus. Obwohl das Riesenfaultier so groß war wie ein heutiger Elefant, konnte es sich auf seine Hinterbeine erheben, um die Blätter von den Bäumen zu fressen. Es hatte einen bärenartigen Kopf und muskulöse Kiefer.

Megatherium war das größte Faultier der Urzeit.

Welches Tier ist das faulste der Welt?

Das Dreifinger-Faultier oder Ai (Bradypus tridactylus) ist das langsamste lebende Säugetier der Erde. In Bäumen legt es maximal 300 Meter in der Stunde zurück, auf dem Boden schafft es höchstens zwei Meter pro Minute, also kaum mehr als 100 Meter in der Stunde. Dieser Rekordhalter lebt im Norden Südamerikas in den Tropenwäldern.

Faultiere leben in den Wäldern Südamerikas.

Welches Säugetier bekommt die meisten Jungen?

In Sachen Nachwuchs hält der Große Tanrek (Tenrec ecaudatus) den Weltrekord. Dieser igelähnliche Insektenfresser, der auf Madagaskar lebt, vermehrt sich oft explosionsartig und kann pro Wurf bis zu 30 Junge bekommen. Die größte bekannte Anzahl von Babys liegt bei 31, von denen 30 überlebten. Der Große Tanrek hat aber noch eine weitere Besonderheit: Wenn während der Trockenzeit die Nahrung knapp wird, fällt er in seinem Erdbau in eine Art Schlaf und atmet nur noch dreimal in der Minute — um Energie zu sparen, bis es wieder etwas zum Futtern gibt.

Welches Säugetier hat die längste Zunge?

Der südamerikanische Große Ameisenbär (Myrmecophaga tridactyla) dürfte das Säugetier mit der längsten Zunge der Welt sein. Er kann seine etwa einen Meter lange, dünne und spitze Zunge bis zu 60 Zentimeter weit herausstrecken. Die sehr bewegliche Zunge ist mit klebrigem Schleim bedeckt. Mit seinen starken Krallen bricht der Ameisenbär die harten Termitenhügel auf, um deren Bewohner aufzulecken, denn Termiten sind sein Leibgericht. Aber auch Ameisen verspeist er sehr gern.

Welche Säugetiere graben am schnellsten?

Das in Afrika heimische Erdferkel (Orycteropus afer) kann mit seinen starken Grabkrallen am schnellsten graben. In einem bereits bestehenden Tunnel schafft das Tier einen Meter in fünf Minuten. Dieses seltsam aussehende, etwa 1,6 Meter lange Geschöpf kann man kaum mit einem anderen Säugetier verwechseln — der Körper und die Schnauze ähneln denen eines Schweins und der Schwanz dem eines Kängurus, aber es ist mit keinem der beiden Tiere verwandt.

Das Erdferkel gräbt in fünf Minuten einen Meter weit.

Welches ist das größte Schuppentier der Welt?

Das in Afrika heimische Riesenschuppentier (Manis gigantea) ist das größte lebende Schuppentier. Es kann fast zwei Meter lang und bis 32 Kilogramm schwer werden. Es ernährt sich hauptsächlich von Termiten und Ameisen, die es mit seiner bis zu 40 Zentimeter langen klebrigen Zunge aus den Nestern holt. Mit seinen langen Krallen kann das Tier jeden Termitenhügel aufbrechen. Bei Gefahr rollen sich Schuppentiere zusammen; die panzerartigen Schuppen schützen sie davor, gefressen zu werden.

Welches Landsäugetier besitzt die längsten Krallen?

Die längsten Krallen trägt das Riesengürteltier (Priodontes maximus). Dieser gepanzerte Bewohner Südamerikas hat große Krallen an den Vorderfüßen, die am dritten Finger bis zu 20 Zentimeter lang sind. Damit kann das bis zu 100 Zentimeter große und bis zu 30 Kilogramm schwere Tier die härtesten Termitenhügel aufreißen, denn es frisst am liebsten Termiten und deren Larven. Das Riesengürteltier ist auch das Landsäugetier mit den meisten Zähnen, denn es kann bis zu 100 Zähne im Maul tragen.

An Land

Welches ist das gefährlichste Stachelschwein?

Das gefährlichste Stachelschwein der Welt dürfte der nordamerikanische Urson (Erethizon dorsatum),

Der Urson besitzt etwa 30.000 Stacheln.

auch Baumstachelschwein genannt, sein. Dieses etwa 90 Zentimeter lange Nagetier trägt auf dem Rücken und am Schwanz etwa 30.000 dicke Stacheln, die mit kleinen Widerhaken versehen sind. Sie dienen zur Verteidigung. Bei Gefahr schlägt es mit seinem Schwanz wie mit einer Keule nach dem Gegner. Die Stacheln bohren sich in das Fleisch des Angreifers und dringen bei jeder Bewegung tiefer ein. Oft wandern diese Stacheln durch den Körper hindurch.

Wissenswertes über den Urson

Der Urson ist ein geschickter Kletterer. Bei Gefahr versucht er meist, auf einen Baum zu flüchten, um dem Angreifer zu entgehen.

Welche Säugetiere sind die besten Baumeister?

Die Biber (Castor) sind wahrscheinlich die besten Baumeister des gesamten Tierreichs. Eine Biberburg wird aus Stämmen, Ästen und Zweigen gebaut und mit Schlamm, Pflanzenteilen und Steinen abgedichtet. Sie besteht aus einer Höhle und mehreren Gängen. Die Biberburg ist so gut isoliert, dass bei Außentemperaturen von über 30 Grad Celsius im Inneren der Burg angenehme 18 bis 20 Grad Celsius herrschen. Das Besondere einer Biberburg

Biber sind die besten Baumeister.

ist jedoch ist der Damm. Vor dem Bau der Behausung schütten die Biber als Erstes einen Wall aus Schlamm und Steinen auf. Solche Dammbauten sorgen für einen sicheren Wasserstand um die Burg. Der Damm wird ständig erweitert, sodass er schließlich bis zu 1,5 Meter hoch und bis zu 100 Meter breit ist.

Welches Säugetier wird am schnellsten geschlechtsreif?

Unsere einheimische Feldmaus (Microtus arvalis) ist das Säugetier, das am schnellsten geschlechtsreif wird. Bereits 13 Tage nach seiner eigenen Geburt sucht sich das Weibchen einen Mäusemann und etwa 30 Tage nach seiner Geburt kann es selbst erstmals Junge bekommen. Den absoluten Rekord hält angeblich ein Feldmausweibchen, das in 33 Würfen insgesamt 127 Junge hatte.

Die Feldmaus kann bereits nach 30 Tagen selbst Junge bekommen.

Welches Tier hat den größten Nahrungsbedarf?

Den größten Nahrungsbedarf hat die Spitzmaus (Sorex). Sie darf nicht länger als drei Stunden ohne Futter sein, sonst verhungert sie. Der Grund dafür ist, dass diese winzigen Insektenfresser (die Spitzmaus ist trotz ihres mäuseähnlichen Aussehens kein Nagetier!) einen sehr schnellen Stoffwechsel haben und deshalb fast ununterbrochen Nahrung aufnehmen müssen — manche zweimal so viel,

wie ihr eigenes Körpergewicht ausmacht oder sogar mehr. So verbringt eine Spitzmaus 22 Stunden am Tag mit Fressen.

Hättest du das gewusst?

Am längsten braucht der Asiatische Elefant bis zur Geschlechtsreife. Ein Weibchen muss etwa 16 Jahre warten, bis es zum ersten Mal Mutter wird.

Wie heißt das kleinste Säugetier Deutschlands?

Die Zwergspitzmaus (Sorex minutus) ist mit einer durchschnittlichen Körperlänge von 4,5 Zentimetern und einem Gewicht von 2,5 bis sechs Gramm das kleinste Säugetier Deutschlands. Sie ist ständig auf der Suche nach Essbarem, denn wenn sie nicht täglich das Zweifache ihres Körpergewichts als Nahrung aufnimmt, stirbt sie innerhalb kürzester Zeit.

Wie groß wird das kleinste Nagetier der Welt?

Das kleinste Nagetier der Erde ist eine afrikanische Zwergmaus (Mus minutoides), die eine Kopf-Rumpf-Länge von zwei bis 2,5 Zentimetern und eine Schwanzlänge von einem bis 1,5 Zentimetern erreicht. Sie ist so klein, dass sie auf einem Zwei-Euro-Stück Platz hätte. Dieser Winzling, auch

An Land

Knirpsmaus genannt, wiegt zwischen fünf und acht Gramm und ist südlich der Sahara beheimatet. Nur wenig größer werden die Amerikanischen Zwergmäuse (Bajomys), die nur sechs bis sieben Gramm auf die Waage bringen.

Welches Säugetier lebt in größter Höhe?

Das Säugetier, das in größter Höhe beobachtet wurde, ist der Großohrige Pfeifhase oder Pika (Ochotona macrotis). Dieses Hasentier von der Größe eines Meerschweinchens ist im Himalajagebiet Nepals auf einer Höhe von 6130 Metern anzutreffen. Die Tiere werden zwölf bis 25 Zentimeter groß und 100 bis 400 Gramm schwer. Ein weiterer Bewohner großer Höhen ist der Yak (Bos mutus). Auf Nahrungssuche steigt dieses bis zu 3,25 Meter große Tier bis in eine Höhe von 6100 Metern. Sein wolliges Unterfell schützt es vor eisigen Temperaturen.

Der Pika lebt in größter Höhe.

Welches Säugetier hat die kürzeste Lebenserwartung?

Die Waldmaus wird nicht besonders alt.

Die Waldmaus (Apodemus sylvaticus) dürfte das Säugetier mit der kürzesten Lebenserwartung sein. Dieses acht bis elf Zentimeter lange und 15 bis 30 Gramm schwere Tier wird höchstens zehn Monate, in der Regel nur zwei bis drei Monate alt. Dafür vermehrt es sich wie alle Mäuse sehr schnell. Die Waldmaus ist schon mit zwei Monaten geschlechtsreif und bringt nach rund 22 Tagen ihre Jungen zur Welt.

Wann starb das größte Nagetier, das je gelebt hat, aus?

Das Quemi aus der ausgestorbenen Nagerfamilie Heptaxodontien starb vermutlich im 16. Jahrhundert aus. Fossile Überreste dieses riesigen Nagetiers wurden auf den Antilleninseln Anguilla und St. Martin entdeckt. Nach den Berechnungen der Wissenschaftler wurde es wahrscheinlich etwa zwei Meter lang und 400 Kilogramm schwer.

Welches Tier hält den längsten Winterschlaf?

Den Weltrekord für den längsten Winterschlaf hält das Arktische Erdhörnchen (Spermophilus parryi), ein Nagetier, das in Alaska (USA) und Kanada heimisch ist — es verschläft tatsächlich neun Monate des Jahres!

Das Arktische Erdhörnchen hält den längsten Winterschlaf.

Welches Nagetier ist das größte der Welt?

Das südamerikanische Capybara oder Wasserschwein (Hydrochaeris hydrochaeris) ist das größte lebende Nagetier der Erde. Es erreicht eine Kopf-Rumpf-Länge von einem bis 1,3 Metern, eine Schulterhöhe von 50 bis 60 Zentimetern und wiegt bis zu 60 Kilogramm, wobei die Männchen etwas kleiner

Das Wasserschwein ist das größte Nagetier.

werden als die Weibchen. Capybaras verbringen viel Zeit im Wasser und können gut tauchen und schwimmen. Ihre Füße haben Ansätze von Schwimmhäuten. Die Nasenlöcher sind verschließbar. Ihre nächsten Verwandten sind die Meerschweinchen.

Welche Säugetiere haben die niedrigste Körpertemperatur?

Der Eier legende Ameisenigel (Tachyglossidae), auch Schnabeligel genannt, sowie das ebenfalls Eier legende Schnabeltier (Ornithorhynchidae) haben die niedrigste Körpertemperatur unter den Säugetieren. Sie beträgt durchschnittlich 31 bis 33 Grad Celsius, wobei sie — anders als bei anderen Säugetieren — nicht so gut reguliert werden kann. Ameisenigel und Schnabeltiere gehören zur Ordnung der Kloakentiere und leben in Australien und Neuguinea. Der Ameisenigel heißt übrigens so, weil er für sein Leben gern Ameisen frisst.

Welches sind die einzigen Eier legenden Säugetiere der Welt?

Die einzigen Säugetiere, die nicht lebend gebären, sondern Eier legen, sind die Kloakentiere (Monotremata). Sie werden in zwei Familien unterteilt: Schnabeltier (Ornithorhynchidae) und Ameisenigel (Tachyglossidae). Bei diesen Säugern münden die Geschlechtsorgane, Darm und Harnblase in einer einzigen Öffnung, der sogenannten Kloake — daher der Name! Diese urtümlichen Tiere kommen in Australien, Tasmanien und Neuguinea vor.

An Land

Wo lebt der größte Vogel der Erde?

Der Strauß (Struthio camelus) ist der größte heute lebende Vogel der Welt und in den Savannen Afrikas heimisch. Der 1,75 bis 2,75 Meter hohe Vogel ist zwar viel zu schwer zum Fliegen (Männchen werden bis zu 150 Kilogramm schwer), kann aber sehr schnell laufen — er erreicht Geschwindigkeiten von bis zu 70 Kilometern pro Stunde. Sein Hals ist lang und dünn, seine kräftigen Beine haben nur zwei Zehen. Der Strauß ist vorwiegend Pflanzenfresser, verachtet aber auch Insekten und andere Kleintiere nicht.

Der Strauß ist der größte Vogel der Erde.

Welcher flugfähige Vogel kann am schnellsten laufen?

Diesen Rekord hält der in Nordamerika heimische Erdkuckuck (Geococcyx californianus), der auch unter dem englischen Namen „Roadrunner" bekannt ist. Dieser Flitzer läuft bis zu 42 Kilometer in der Stunde, kann sich aber wegen seiner kurzen Flügel nur wenige Sekunden in der Luft halten. Seine gute Lauffähigkeit verdankt er seinen Füßen, bei denen zwei Zehen nach vorn und zwei Zehen nach hinten zeigen. Der 50 bis 60 Zentimeter lange Vogel jagt auf dem Boden nach Schlangen, Eidechsen, Nagetieren und kleinen Vögeln.

Welches ist der größte und schwerste Pinguin?

Diesen Titel können die männlichen Kaiserpinguine (Aptenodytes forsteri) für sich beanspruchen. Diese Vögel erreichen eine Körpergröße von bis zu 1,2 Metern, ein Gewicht von maximal 40 Kilogramm und wirken nicht gerade zierlich. Die Bewohner der Antarktis werden deshalb so schwer, weil sie enorme Fettpolster unter der Haut tragen. Diese Fettschicht brauchen sie, um dem rauen Klima in ihrer Heimat trotzen zu können.

Der Kaiserpinguin wird bis zu 40 Kilogramm schwer.

Die größten lebenden flugunfähigen Vögel		
Name	Maximale Körperhöhe	Maximales Gewicht
Strauß	275 cm	150 kg
Emu	190 cm	45 kg
Helmkasuar	170 cm	60 kg
Kaiserpinguin	120 cm	40 kg

Vögel

Vögel (wissenschaftlich Aves) sind eine Klasse hoch entwickelter Wirbeltiere, die seit etwa 200 Millionen Jahren auf der Erde leben. Es gibt heute rund 9000 bekannte Vogelarten.

Merkmale

Das typische Merkmal der Vögel sind vor allem die Federn. Diese unterscheiden sie deutlich von den anderen Tieren. Es gibt die Deckfedern, die dem Vogelkörper die äußere Form geben. Andere sind wiederum wichtig für das Fliegen. Das sind die Schwungfedern — sie bilden die eigentliche Tragfläche des Flügels — und die Steuerfedern, also die Schwanzfedern. Die weichen Daunen oder Flaumfedern bilden das Unterkleid und sorgen für die Wärmeisolation. Die Federn haben sich im Laufe der Entwicklungsgeschichte durch Umbildung aus den Schuppen der Vogelahnen, der Dinosaurier, entwickelt.

Mithilfe der Flügel und spezieller Federn können die meisten Vögel fliegen.

Charakteristisch sind auch die Flügel. Der Körperbau der Vögel hat sich im Laufe der Zeit stark an das Leben in der Luft angepasst. So wurden die Vordergliedmaßen zu Flügeln umgebildet. Die meisten Vögel können fliegen, aber es gibt auch flugunfähige Vögel, die diese Fähigkeit verloren haben. Das Skelett der Vögel ist sehr leicht, da die meisten Knochen hohl sind. Typisch ist auch, dass alle Vögel einen zahnlosen Schnabel haben. Der Schnabel besteht aus Horn.

Vögel sind Warmblüter wie die Säugetiere und haben eine gleichbleibende Körpertemperatur, die bei etwa 40 Grad Celsius liegt. Sie besitzen keine Hautdrüsen, nur eine Bürzeldrüse. Mit den Absonderungen dieser Drüse

Scharfe Augen wie ein Adler!

Die Augen von Vögeln sind im Verhältnis zur Größe ihres Kopfes sehr groß. Außerdem verfügen sie über eine oft unglaubliche Sehschärfe. Viele Arten, besonders Greifvögel, können sogar besser und weiter sehen, als es der Mensch mit einem Fernglas kann. Die scharfen Augen sind vor allem für die Beutejagd von großer Bedeutung, denn so können sie zum Beispiel kleine Mäuse auch aus großer Entfernung erkennen.

hält der Vogel sein Gefieder wasserdicht und luftig. Kennzeichnend für Vögel ist auch die Kloake, also die Körperöffnung, die gleichzeitig für Ausscheidungen und zur Fortpflanzung dient.

Verbreitung und Lebensraum

Vögel findet man auf allen Erdteilen, da sie nicht nur die Lüfte erobert haben, sondern auch das Land (zum Beispiel Laufvögel wie der Strauß) und das Wasser (zum Beispiel die Pinguine). Sie

Pinguine besiedeln die kältesten Regionen der Erde.

bewohnen Wüsten, Urwälder, die Antarktis, Gebirge, Sümpfe, Seen, Meere, Wälder, Felder und sogar Städte. Die größte Artenvielfalt gibt es in den tropischen Regionen.

Lebensweise und Ernährung

Viele Vögel leben gesellig, manche in riesigen Kolonien; innerhalb solcher Gruppen kann eine strenge Rangordnung herrschen. Vögel verständigen sich untereinander meist durch ihren Gesang. Der Stimmapparat der Vögel, der untere Kehlkopf, ist besonders bei Singvögeln stark entwickelt. Manche von ihnen singen sogar vollständige Lieder (zum Beispiel die Nachtigall).

Die Nahrung der Vögel ist vielfältig und hängt natürlich stark von der Art und ihrem Lebensraum ab. Sie fressen beispielsweise Samen, Früchte, aber auch Insekten, Würmer, Fi-

Der Papagei hat einen Hakenschnabel.

sche, kleinere und größere Säugetiere. Unter den fleischfressenden Vögeln gibt es Arten, die ihre Beute selbst erjagen (zum Beispiel der Habicht oder der Adler) oder sich von Aas ernähren (zum Beispiel der Geier). Am Schnabel eines Vogel und seiner besonderen Form kann man meist erkennen, von welcher Art von Nahrung der Vogel lebt. Insektenfresser wie die Grasmücke haben zum Beispiel einen Spitzschnabel, Körnerfresser wie der Kernbeißer einen Kegelschnabel und Greifvögel wie der Adler sowie Papageien einen Hakenschnabel.

Fortpflanzung

Alle Vögel legen Eier mit einer Kalkschale. Die meisten Vögel bauen Nester. Darin werden die Eier gelegt, bebrütet und die ausgeschlüpften Jungen aufgezogen. Vogelkinder, die schon fast voll entwickelt ausschlüpfen, nennt man Nestflüchter. Sie können gleich ihre Nahrung selbst suchen. Zu den Nestflüchtern zählen zum Beispiel Hühner, Enten oder Kraniche.

Viele Vögel ziehen ihre Jungen in Nestern auf.

Nesthocker hingegen sind nach dem Ausschlüpfen für einen gewissen Zeitraum ganz hilflos und völlig auf die Eltern angewiesen. Zu ihnen zählen beispielsweise viele Raubvögel, Störche, Eulen und Spechte.

Welcher Vogel trägt das dichteste Federkleid?

Kaiser-, Adelie- und Zwergpinguine haben das dichteste Federkleid aller Vögel — auf einem Quadratzentimeter befinden sich elf bis zwölf Federn. Jede Feder kann mit einem einzelnen Muskel bewegt werden. Wenn die Vögel sich an Land befinden, stehen die Federn aufrecht, damit sich in ihnen Luft sammelt und das Federkleid isolierend wirkt. Im Wasser liegen die Federn eng an und bilden einen wasserdichten Schutz gegen die Kälte.

Welcher flugunfähige Vogel kann am schnellsten laufen?

Der schnellste Läufer unter den flugunfähigen Vögeln ist der Strauß (Struthio camelus) — ein weiterer Weltrekord für diesen Supervogel! Der größte lebende Vogel der Erde kann zwar nicht fliegen, ist aber am Boden kaum zu bremsen und erreicht mit seinen stark muskulösen Beinen Geschwindigkeiten von bis zu 70 Kilometern in der Stunde. Spitzengeschwindigkeiten von 50 Kilometern pro Stunde am Boden erreicht auch der Emu (Dromaius novaehollandiae), der zweitgrößte Vogel der Welt, der ebenfalls nicht fliegen kann.

Der Strauß ist der schnellste Läufer.

Welches ist der kleinste flugunfähige Vogel der Welt?

Der kleinste heute noch lebende flugunfähige Vogel ist die Atlantisralle (Atlantisia rogersi), eine nur auf den Inaccessible Islands im Südatlantik vorkommende Rallenart. Dieser Winzling wird nur 12,5 Zentimeter groß und wiegt höchstens 34,7 Gramm und kann trotzdem nicht fliegen. Deshalb sucht er auf dem Boden nach Würmern, Faltern, Früchten und Samen, von denen er sich ernährt.

Wie hieß der größte flugunfähige Vogel der Urzeit?

Dromornis stirtoni, auch Stirton-Donnervogel genannt, war ein emuähnlicher Laufvogel, der etwa drei Meter hoch und ungefähr 500 Kilogramm schwer war. Er lebte vor rund 15 Millionen Jahren in Australien.

Welcher Vogel legt die größten Eier im Verhältnis zur Körpergröße?

Das Ei des Streifenkiwis (Apteryx australis) ist etwa 13 Zentimeter lang und rund 500 Gramm schwer. Das ist das größte Ei im Verhältnis zur Körpergröße,

An Land

Der Streifenkiwi legt im Verhältnis zu seiner Körpergröße die größten Eier.

Welcher Vogel legt heutzutage das größte Ei?

Natürlich ist es der Strauß (Struthio camelus), der als der größte Vogel der Erde auch das größte Ei legt. Ein solches Riesenei kann bis zu 17,8 Zentimeter lang und 14 Zentimeter breit sein und ein Gewicht von bis zu 1,8 Kilogramm haben — es wiegt also so viel wie etwa 30 Hühnereier.

Der Strauß legt die größten Eier.

denn der Streifenkiwi wird selbst nur 50 bis 60 Zentimeter groß und wiegt weniger als fünf Kilogramm. Ein Straußenei ist zwar über 17 Zentimeter lang und bis zu 1,8 Kilogramm schwer, aber der Strauß ist ja auch mit über zwei Metern Höhe der größte Laufvogel der Welt.

Wie hieß der Vogel, der die größten Eier legte?

Die größten Eier, die man je gefunden hat, gehörten dem Elefantenvogel (Aepyornis maximus), der im frühen 17. Jahrhundert ausstarb. Der in Madagaskar heimische Laufvogel, der dem heutigen afrikanischen Strauß ähnlich war, legte über 30 Zentimeter große und etwa zwölf Kilogramm schwere Eier. Zum Vergleich: Das Riesenei war etwa doppelt so lang wie ein Straußenei und wog so viel wie 190 Hühnereier — kein Wunder bei einer Körpergröße von drei Metern und einem Gewicht von einer halben Tonne!

Wie heißt die einzige Echse Europas, die keine Beine hat?

Die einzige Echse in Europa, die keine Beine hat, ist die Blindschleiche (Anguis fragilis). Auch wenn sie einer Schlange ähnelt, gehört sie nicht zu diesen. Ein wichtiges Merkmal dafür, dass es sich um eine Echse handelt, sind die Augenlider: Im Gegensatz zu den Schlangen kann die Blindschleiche sie nämlich schließen. Die Blindschleiche ist das verbreitetste einheimische Reptil.

Die Blindschleiche zählt zu den Echsen.

Welches Reptil ist das größte der Erde?

Das größte Reptil (Kriechtier) der Welt ist das Leisten- oder Salzwasser-krokodil (Crocodylus porosus). Dieses urtümliche Tier kann über sieben Meter lang werden und bis zu einer Tonne wiegen. Seine Heimat befindet sich in Südindien, Indonesien und Nordaustralien. Das Riesenreptil verbringt viel Zeit im Meer und fängt dort Fische, aber es jagt auch an Land, zum Beispiel Rinder und Büffel. Da Krokodile salzhaltige Nahrung aufnehmen, scheiden sie das überschüssige Salz über ihre Tränendrüsen aus — das sind die berühmten Krokodilstränen.

Das Leistenkrokodil kann über sieben Meter lang werden.

Wann lebte das größte Krokodil aller Zeiten?

Das größte Krokodil aller Zeiten könnte Sarchosuchus gewesen sein. Dieses Riesentier lebte vor etwa 110 Millionen Jahren und wurde elf bis zwölf Meter lang und bis zu acht Tonnen schwer. Versteinerte Überreste wurden in der Wüste Sahara (Afrika) gefunden. Ein anderes Krokodil, Deinosuchus, das ebenfalls um diese Zeit in Nordamerika lebte, könnte diesen Rekord sogar übertroffen haben. Von ihm wurde jedoch bisher nur der Schädel gefunden, der über zwei Meter lang war. Nach den Berechnungen könnte das Tier 15 Meter lang gewesen sein, aber die endgültigen Beweise dafür fehlen noch!

Welche Reptilien sind die schnellsten der Welt?

Die Rennechsen (Cnemidophorus) sind mit bis zu 29 Kilometern in der Stunde die schnellsten Reptilien (Kriechtiere) der Erde. Die in Nord- und Mittelamerika beheimateten Tiere tragen ihren Namen zu Recht: Blitzschnell huschen sie davon, halten unvermittelt an, um nach dem Feind Ausschau zu halten, und eilen dann weiter. Sie können sogar auf zwei Beinen mit erhobenem Vorderkörper laufen. Sie werden bis zu 40 Zentimeter lang, wobei der Schwanz etwa das Dreifache des Körpers beträgt.

Rennechsen laufen bis zu 29 Kilometer in der Stunde.

An Land

Welches Tier hat die merkwürdigsten Augen?

Das Chamäleon (Chamaeleo chamaeleon), eine bis zu 28 Zentimeter große Echse, ist wegen allerlei Absonderlichkeiten berühmt: Es kann seine Augen voneinander unabhängig bewegen und so gleichzeitig in verschiedene Richtungen sehen. Mit einem Auge kann das Tier zum Beispiel ein Beutetier verfolgen, während das andere Auge auf mögliche Feinde achtet. Das Sehvermögen des Chamäleons ist außergewöhnlich gut. So erkennt es aus ziemlich großer Entfernung die Bewegungen winziger Insekten. Eine weitere Besonderheit dieser Tiere ist, dass sie eine körperlange Zunge zum Beutefang haben; außerdem können sie ihre Farbe verändern.

Das Chamäleon kann seine Augen in zwei völlig verschiedene Richtungen drehen.

Wie groß wird das kleinste Chamäleon der Welt?

Das weltweit kleinste Chamäleon, Brookesia minima, erreicht eine Körperlänge von nur drei Zentimetern und lebt auf Madagaskar. Typisch für diese urtümlich aussehenden Reptilien ist die klebrige Zunge, die sie wie ein Lasso herausschleudern können, um damit Insekten zu fangen — und das in weniger als einer zwanzigstel Sekunde. Sie können auch ihre Hautfarbe ändern und sich so ihrer Umgebung anpassen. Die Augen sind sehr hoch entwickelt und können bis zu einem Kilometer scharf sehen.

Welches ist das größte Chamäleon der Welt?

Der größte Vertreter dieser Reptilien trägt den treffenden Namen Riesenchamäleon (Chamaeleo oustaleti) und lebt wie sehr viele Chamäleonarten auf Madagaskar. Es erreicht eine Gesamtlänge von 63 Zentimetern, wobei der Schwanz 34,5 Zentimeter lang ist. Dieses schnelle und bissige Reptil bewohnt die trockeneren Gebiete seiner Heimatinsel und ernährt sich hauptsächlich von großen Heuschrecken.

Das Riesenchamäleon erreicht eine Gesamtlänge von 63 Zentimetern.

Welches Tier hat die längsten Giftzähne?

Die giftige Gabunviper hat die längsten Zähne.

Die Gabunviper (Bitis gabonica), die im tropischen Afrika beheimatet ist, hat von allen Giftschlangen die längsten Giftzähne. Ein Exemplar mit einer Körperlänge von 1,83 Metern hatte fünf Zentimeter lange Giftzähne. Die durchschnittliche Länge der Giftzähne liegt bei 3,8 Zentimetern. Ein ausgewachsenes Männchen verfügt über genug Gift, um 30 Menschen zu töten. Die Gabunviper zählt zu den giftigsten Schlangen überhaupt, ist aber ganz friedlich und beißt nur, wenn sie angriffen wird.

Wie groß wird das kleinste Reptil der Welt?

Das kleinste heute lebende Reptil (Kriechtier) der Erde, der Kugelfingergecko oder Jaragua Sphaero (Sphaerodactylus ariasae), hat eine Körperlänge von etwa 1,6 Zentimetern. Mit dem Schwanz misst es ganze drei Zentimeter. Ein ausgewachsenes Tier bringt es gerade einmal auf ein Gewicht von 0,15 Gramm. Dieser Winzling lebt in Höhlen auf der Insel Beata vor der Küste der Dominikanischen Republik. Das kleinste Reptil ist zugleich auch die kleinste Echse der Welt. Sein Lebensraum ist jedoch stark bedroht.

Mungos sind schlaue Schlangenjäger

Der Indische Mungo zählt zu den wenigen natürlichen Feinden der Giftschlangen. Sein dichtes Fell und seine schnelle Reaktion schützen das schlaue Tier vor den Bissen der Schlangen. Deshalb wird es in seiner Heimat Indien oft als Haustier gehalten, denn es hält die Behausungen von Schlangen, Ratten und anderen Schädlingen frei.

Welches ist die längste Giftschlange der Welt?

Die längste Giftschlange der Erde ist die Königskobra (Ophiophagus hannah), die eine Länge von bis zu 5,5 Metern erreichen kann. Sie zählt auch zu den giftigsten Schlangen überhaupt. Die Königskobra beißt ihr Opfer und spritzt das starke Nervengift durch die bis zu

Die Königskobra zählt zu den giftigsten Schlangen.

einen Zentimeter langen Giftzähne sehr tief in die Wunde. Die Giftmenge eines einzigen Bisses würde ausreichen, um zehn Menschen oder einen großen Elefanten zu töten. Diese Riesin kann ihren

An Land

männerfaustgroßen Kopf über einen Meter hoch aufrichten und in dieser Haltung vorwärts stürmen — das macht sie sehr gefährlich.

Wo lebt die giftigste Schlange der Welt?

Die giftigste Schlange der Erde ist der Inlandtaipan (Oxyuranus microlepidotus) und kommt in Australien vor. Die Giftmenge, die diese Schlange bei einem einzigen Biss absondert, reicht aus, um 100 Erwachsene oder 250.000 Mäuse zu töten. Die bis zu drei Meter lange braune Schlange ist deshalb so gefährlich, weil sie so aggressiv ist und in ihrer Heimat sogar in die Häuser eindringt. Ähnlich giftig ist die auch in Australien lebende Tigerotter, die jedoch scheuer und seltener ist als der Taipan.

Welches ist die längste Schlange der Welt?

Der Netzpython (Python reticulatus) und die Anakonda (Eunectes murinus) teilen sich den Titel „die längste Schlange der Welt". Sie werden beide bis etwa zehn Meter lang. Im Jahr 2004 wurde jedoch ein Netzpython mit 14,85 Metern Länge gefangen, also hält diese Riesenschlange aus Südostasien zurzeit den Weltrekord. Da

aber die Anakonda — in den Sümpfen Südamerikas heimisch — dicker und schwerer ist als ihre Konkurrentin, gilt sie mit etwa 150 Kilogramm zumindest als die schwerste Schlange der Erde.

Die längsten Schlangen der Welt

Name	Maximale Körperlänge
Netzpython	14,8 Meter
Anakonda	10,0 Meter
Amethystpython	8,5 Meter
Tigerpython	8,0 Meter
Königsschlange	5,6 Meter
Königskobra	5,5 Meter
Diamantenklapperschlange	2,4 Meter

Wo ist die seltenste Schlange der Welt heimisch?

Die seltenste Schlange der Welt dürfte die Antigua-Schlanknatter (Alsophis antuguae) sein, die nur auf den Karibikinseln Antigua und Kleine Antillen vorkommt. Heute gibt es kaum mehr als 150 Exemplare dieser Schlange, einschließlich der Tiere, die in Gefangenschaft leben. Die Zahl der Schlangen auf diesen Inseln ging unter anderem durch Einführung der Haus- und Wanderratten drastisch zurück.

Der Netzpython gehört zu den längsten Schlangen der Welt.

Welches ist die größte aller Echsen?

Mit zwei Metern Gesamtlänge ist der Komodowaran (Varanus komodoensis) die größte lebende Echse auf der Erde. Gegen diesen Waran wirken alle anderen Echsen wie Zwerge. Mit leerem Magen ist er ein echtes Leichtgewicht von etwa 50 Kilogramm, kann aber in kurzer Zeit bis zu 80 Prozent seines Körpergewichts an Nahrung zu sich nehmen. In vollgefressenem Zustand bringt der Riese durchaus schon einmal 100 Kilogramm auf die Waage. Er ist so stark, dass er Wildschweine und Hirsche töten kann. In der Regel jagt er aber nur, wenn er keine toten Tiere findet. Zum Aufspüren der Nahrung dient die Zungenspitze.

Der Komodowaran ist eine riesige Echse.

Wie groß wird die kürzeste Schlange der Welt?

Die sehr seltene Schlankblindschlange (Leptotyphlops bilineata) ist die kürzeste bekannte Schlange der Erde und erreicht eine Länge von nur zehn Zentimetern. Das längste bekannte Exemplar hatte eine Länge von 10,8 Zentimetern und einen streichholzdünnen Körper. Sie hätte in einen gewöhnlichen Bleistift ohne Mine gepasst. Diese wurmähnlichen Schlangen kommen nur auf den Karibischen Inseln Martinique, Barbados und St. Lucia vor.

Wissenswertes über die Schwarze Mamba

Die Schwarze Mamba kann mit einem Biss bis zu 400 Milligramm Gift in die Wunde spritzen. Bereits 15 bis 20 Milligramm dieses Gifts können einen erwachsenen Menschen töten. Der Betroffene stirbt innerhalb von 20 Minuten durch Atemstillstand. Es gibt jedoch ein Leben rettendes Schlangenserum.

Welches ist die schnellste Schlange der Welt?

Am schnellsten unter den Schlangen bewegt sich die Schwarze Mamba (Dendroaspis polylepis). Mit einer Gesamtlänge von vier Metern ist sie auch die größte Giftschlange Afrikas. Dieser Baumbewohner kann auf der Jagd eine Geschwindigkeit von bis zu 20 Kilometern in der Stunde erreichen. Sie ist nicht angriffslustig, sondern eher scheu, aber mit Sicherheit die gefährlichste Schlange Afrikas.

Wie lang ist die kleinste Giftschlange?

Die kürzeste Giftschlange der Erde, die Namaqua- oder Schneiders Zwergpuffotter (Bitis schneideri), erreicht eine Durchschnittslänge von nur 20 Zentimetern. Sie gehört zur Familie der Vipern und lebt im südlichen Küstenbereich Namibias und im westlichen Südafrika. Dieser Winzling ist nachtaktiv und verbringt den Tag im Sand eingegraben.

An Land

Wie groß wird die größte Land- schildkröte?

Die größte Landschildkröte der Erde ist die Seychel-len-Riesenschildkröte (Testudo gigantea). Sie er-reicht eine Panzerlänge von bis zu 1,2 Metern und ein Gewicht bis zu 250 Kilogramm. Wie der Name schon besagt, ist dieser Riese auf den Seychel-len-Inseln im Indischen Ozean beheimatet und lebt einzeln oder gesellig in den Trockengebieten der Inseln. Sie ernährt sich von Gräsern, Blättern und Früchten. Diese Riesenschildkröte hat keinen besonders harten Panzer, da sie früher in ihrer ent-legenen Heimat keine natürlichen Feinde hatte.

Eine Seychellen-Riesenschildkröte

Wo lebt die kleinste Landschildkröte der Welt?

Die kleinste Landschildkröte der Erde ist die Ge-sägte Flachschildkröte (Homopus signatus), die in Südafrika beheimatet ist. Sie erreicht eine Länge von bis zu zehn Zentimetern. Ihren Namen verdankt

sie dem gesägten Hinterrand des Rückenpanzers. Rekordverdächtig ist auch die Spinnenschildkröte (Pyxis arachnoides) mit einer Körperlänge von ebenfalls zehn Zentimetern. Sie ist auf Madagaskar heimisch.

Welche Tiere erreichen das höchste Alter?

Riesenschildkröten erreichen unter allen Tieren der Erde das höchste Lebensalter. Das Mindestalter liegt bei 180 Jahren, das höchste Alter dürfte bei etwa 250 Jahren liegen. Darüber hinaus sind Riesenschildkröten mit einem Gewicht von rund 250 Kilogramm auch die schwersten Schildkröten der Erde. Man findet sie isoliert auf einigen we-nigen Inseln (Galapagosinseln, Sey-chellen). Zum Vergleich: Der bisher älteste bekannte Mensch war eine Frau — Jeanne Calment starb 1997 im Alter von 122 Jahren.

Riesenschild-kröten werden bis zu 250 Jahre alt.

Die ältesten Riesenschildkröten

Name	Art	Höchstalter
Adwaitja	Aldabra-Riesen-schildkröte	256 Jahre
Tu'i Malitia	Strahlenschild-kröte	188 bis 192 Jahre
Harriet	Galapagos-Riesenschildkröte	176 Jahre

Welche Dinosaurier erreichten das höchste Lebensalter?

Wie alt die Dinosaurier wirklich wurden, weiß man nicht genau, doch die Wissenschaftler schätzen, dass sie eine maximale Lebensdauer von 75 bis 300 Jahren hatten, abhängig von ihrer Körpergröße. Die größten Sauropoden — langhalsige Pflanzen-

Der Apatosaurus konnte vermutlich 100 Jahre alt werden.

fresser mit kleinem Kopf und langem Schwanz — wurden vermutlich etwa 100 Jahre alt. Dazu zählen zum Beispiel Apatosaurus, Brachiosaurus, Diplodocus und Ultrasaurus. Die kleinsten Dinosaurier wurden wahrscheinlich nur zehn bis 20 Jahre alt.

Welches war der größte Dinosaurier?

Der größte Dinosaurier war wahrscheinlich Argentinosaurus mit bis über 40 Metern Länge und 100 Tonnen Gewicht. Er zählte zu den Sauropoden, die alle gigantisch waren und in der späten Jura- und Kreidezeit, vor etwa 150 bis 65 Millionen Jahren, lebten. Der Pflanzenfresser hatte einen winzigen Kopf und einen extrem langen Hals, der aus 18 Halswirbeln von jeweils 1,7 Meter Länge bestand. Im Jahr 2000 wurden in Südpatagonien (Argentinien) Wirbel- und Oberschenkelknochen eines Sauropoden gefunden, dessen Länge man auf über 50 Meter (!) schätzt.

Welche Dinosaurier hatten den dicksten Panzer?

Die am stärksten gepanzerten Dinosaurier waren die Ankylosaurier, von denen Ankylosaurus („Versteifte Echse") der größte war. Er hatte einen mächtigen Körper, der auf dem Rücken von der Schnauzenspitze bis zum Schwanzende mit dicken, knöchernen Panzerplatten

Die größten Dinosaurier der Erde

Argentinosaurus	40 Meter lang
Seismosaurus	37 Meter lang, 16 Meter hoch
Supersaurus	30 Meter lang, 15 Meter hoch
Ultrasaurus	30 Meter lang
Diplodocus	28 Meter lang, 10 Meter hoch
Brachiosaurus	etwa 25 Meter lang, 19 Meter hoch

An Land

bedeckt war. Der Panzer war noch mit zahlreichen Stacheln besetzt. Sogar die Augen dieses Pflanzenfressers wurden von Knochenplatten geschützt. Am Schwanzende trug er eine große, knöcherne Keule, mit der er sogar Feinde wie Tyrannosaurus Rex abwehren konnte. Der Ankylosaurus lebte in der späten Kreidezeit, vor 80 bis 65 Millionen Jahren, in Nordamerika.

Der Ankylosaurus schützte sich durch einen mächtigen Panzer.

Wo lebte der kleinste Dinosaurier der Erde?

Es ist schwierig, Fossilien von kleinen Dinosauriern zu finden, denn wenn sie starben, wurden sie von den größeren gefressen. Der kleinste bis jetzt entdeckte Dinosaurier ist Compsognathus longipes, ein räuberischer Dino, der in der Jurazeit, vor etwa 150 Millionen Jahren, im heutigen Deutschland und Frankreich lebte. Mit einer Gesamtlänge von 65 Zentimetern und einem Gewicht von drei Kilogramm war der Räuber nicht größer als ein Haushuhn. Saltopus, ein Insektenfresser, ist mit 70 Zentimetern der Zweitkleinste und lebte vor ungefähr 200 Millionen Jahren.

Welcher Dinosaurier hatte die meisten Zähne?

Die meisten Zähne unter den Dinosauriern besaßen manche Entenschnabel-Dinosaurier. Sie waren Pflanzenfresser und lebten in der späten Kreidezeit, vor etwa 95 Millionen Jahren, in Nordamerika. Hadrosaurier hatten über 960, Lambeosaurier bis zu 700 Backenzähne in mehreren Zahnreihen, mit denen sie ihre pflanzliche Nahrung gut zerkleinern konnten. Abgenutzte Zähne wurden ständig durch neue ersetzt. Sie haben ihre Zähne wohl auch zur Abwehr ihrer Feinde eingesetzt.

Welche Dinosaurier besaßen die größten Zähne?

Die größten Zähne im Dinoreich trug der räuberisch lebende Carcharodontosaurus, dessen Kiefer mit 20 Zentimeter langen Beißern bestückt war. Sein berühmter Vetter, Tyrannosaurus Rex, hatte ähnlich große Zähne. Da die beiden Räuber auch eine enorme Kiefermuskulatur besaßen, bedeutete das die Beißkraft von fast vier Tonnen! Sie lebten in der späten Kreidezeit, vor etwa 95 Millionen Jahren.

Auch der Tyrannosaurus Rex besaß riesige Zähne.

Welcher Dinosaurier hatte den längsten Schwanz?

Der Schwanz des Diplodocus war etwa 14 Meter lang.

Den längsten Schwanz im Reich der Dinos hatte vermutlich Diplodocus. Er gehörte zu den langhalsigen Sauropoden und lebte in der späten Jurazeit, vor etwa 100 Millionen Jahren. Sein Schwanz mit 70 Schwanzwirbeln war etwa 14 Meter lang und lief am Ende peitschenartig zusammen. Mit seinem überlangen Schwanz konnte er seinen Feinden ordentlich zusetzen. Den gefährlichsten Schwanz besaßen jedoch der gepanzerte Ankylosaurus mit seiner mächtigen Schwanzkeule und Stegosaurus mit seinem Stachelschwanz.

Welcher Dinosaurier war mit den längsten Krallen bewaffnet?

Die längsten Krallen im Reich der Dinosaurier trug wohl Therizinosaurus, auch Sichel-Echse genannt. Sie waren 60 Zentimeter lang und machten bei einer Armlänge von 2,5 Metern etwa ein Viertel seines Armes aus. Wissenschaftler nehmen an, dass er die Krallen beim Beutefang und zur Verteidigung gegen Angreifer einsetzte. Mit einem einzigen Schlag konnte er seinen Gegner schwer verletzen.

Welches waren die größten Raubdinosaurier?

Als die größten räuberischen Echsen des Dinosaurierreiches gelten Giganotosaurus carolinii und Tyrannosaurus Rex. Giganotosaurus war 14 Meter lang, vier Meter hoch und acht Tonnen schwer und wurde in Patagonien (Argentinien) entdeckt. Tyrannosaurus war 15 Meter lang und sechs Tonnen schwer und wurde in Nordamerika gefunden. Noch gewaltiger als diese beiden soll Carcharodontosaurus sharicus mit etwa 20 Metern Länge gewesen sein. Er hatte einen größeren Kopf als Tyrannosaurus, aber ein winziges Gehirn. Man entdeckte seine Fossilien in Marokko (Afrika).

Der Tyrannosaurus Rex zählte zu den größten Raubdinosauriern.

An Land

Wo wurde der Dinosaurier mit dem längsten Hals entdeckt?

Der Dinosaurier mit dem längsten Hals, Mamenchisaurus, wurde in China entdeckt. Sein Hals bestand aus 19 Wirbeln (das sind mehr als bei allen anderen Dinos) und war bis zu 14 Meter lang. Er machte fast die Hälfte der Gesamtkörperlänge (22 Meter) aus. Mamenchisaurus gehörte zu den Sauropoden, den langhalsigen, pflanzenfressenden Dinosauriern, die in der späten Jurazeit, vor 156 bis 145 Millionen Jahren, lebten. Wenn er sich auf die Hinterbeine stellte, konnte er die frischen Triebe der obersten Zweige abweiden, was ein Vorteil gegenüber anderen Pflanzenfressern war.

Welche
Dinosaurier waren die
schnellsten?

Die wahrscheinlich schnellsten Dinosaurier der Erde waren vogelähnliche Fleischfresser, die in der späten Kreidezeit, vor 70 bis 65 Millionen Jahren, lebten. Die kleinen, leichtgewichtigen Jäger hatten dünnwandige hohle Knochen und konnten sich daher sehr schnell bewegen. Die beiden Arten Dromiceiomimus und Ornithomimus waren langbeinig und ähnelten unserem heutigen Strauß. Sie erreichten eine Länge von etwa 3,5 Metern und waren ungefähr 100 Kilogramm schwer. Sie konnten vermutlich genauso schnell laufen wie unser heutiger Strauß, nämlich bis zu 70 Kilometer in der Stunde.

Welches waren die klügsten Dinosaurier?

Der Klügste im Dinosaurierreich war wahrscheinlich der kleine Räuber Troodon, da er im Verhältnis zu seinem Körpergewicht die größte Gehirnmasse hatte und etwa

Auch der Velociraptor zählte zu den klügsten Dinosauriern.

sechsmal so klug wie ein Durchschnittssaurier war. Das Gewicht seines Gehirns errechnete man aus dem Verhältnis der Körpergröße zur Größe seines Kopfes. Das erste Skelett eines Troodon wurde im Jahr 1932 in Kanada gefunden. Klüger als alle anderen Dinosaurier waren auch die kleinen Fleischfresser Velociraptor, Dromaeosaurus und Deinonychus. Das kleinste Gehirn — so groß wie eine Walnuss — besaßen die Stegosaurier. Kein Wunder, dass sie als die dümmsten Dinos gelten!

Reptilien

Reptilien oder Kriechtiere (wissenschaftlich Reptilia) sind eine Klasse der Wirbeltiere. Sie bevölkern die Erde seit etwa 300 Millionen Jahren. Heute gibt es rund 7000 Reptilienarten.

der Temperatur der Umgebung abhängig sind. Die Augen und der Geruchssinn sind meist gut entwickelt. Auch chemische Sinne sind oft gut ausgebildet (zum Beispiel die Aufnahme von Duftstoffen über die vorgestreckte Zunge).

Einteilung der Reptilien in Ordnungen

Es gibt vier heute lebende Reptilienordnungen:
- Schildkröten
- Krokodile
- Schuppenkriechtiere (Echsen und Schlangen)
- Brückenechsen (Tuatara, die einzige noch lebende Art)

Merkmale

Kennzeichnend für die Reptilien sind der Schwanz und die mit verhornten Schuppen bedeckte Haut. Sie schützen die Haut vor dem Austrocknen und vor

Die Haut von Reptilien ist mit verhornten Schuppen bedeckt.

Verletzungen. Schlangen und Echsen streifen die oberste Hornschicht regelmäßig ab (vor allem in der Wachstumszeit), das heißt, sie häuten sich. Die meisten Kriechtiere haben vier Gliedmaßen. Bei den Schlangen und einigen Echsen (zum Beispiel der Blindschleiche) sind die Beine zurückgebildet. Reptilien sind vom Wasser völlig unabhängig. Sie atmen, wie die Säugetiere auch, durch Lungen. Reptilien sind wechselwarme Tiere, das heißt, dass sie von

Verbreitung und Lebensraum

Reptilien waren die ersten Wirbeltiere, die das trockene Land eroberten. Dank der vorhin genannten Merkmale konnten sie vom Wasser unabhängig leben. Einige Reptilien sind jedoch viel später nachträglich ins Wasser zurückgekehrt, wie beispielsweise Krokodile; Meeresschildkröten und einige Schlangen haben sich ganz dem Leben im Wasser angepasst. Es gibt auch Arten, die auf den Bäumen leben (zum Beispiel die Flugdrachen). Da die wechselwarmen Tiere weitgehend an warme Gebiete gebunden sind, gibt es in den Tro-

Reptilien haben die verschiedensten Lebensräume erobert.

pen und Subtropen die meisten Reptilienarten. Einige wenige, wie die Bergeidechse, sind auch in den nördlichsten Regionen zu finden.

Lebensweise und Ernährung

Da Reptilien auf Wärme von außen wie Sonnenlicht oder Bodenwärme angewiesen sind, sind sie in der Regel am Tag aktiv. In Regionen mit kalten Temperaturen fallen sie wie Amphibien in eine Kältestarre, halten aber keinen Winterschlaf.

Leguane ernähren sich meist von Pflanzen.

Viele Kriechtiere haben Zähne, mit denen sie meist die Beute ergreifen, halten und zerkleinern. Die Schildkröten besitzen allerdings statt der Zähne Hornscheiden. Manche Reptilien nehmen bei der Nahrungsaufnahme auch ihre Zunge zu Hilfe wie beispielsweise das Chamäleon mit seiner Schleuderzunge. Der Speiseplan der Reptilien ist sehr vielfältig. Die Schildkröten sind größtenteils Allesfresser, sie ernähren sich von Pflanzen und von anderen Tieren. Krokodile sind reine Fleischfresser und verspeisen Fische, andere Reptilien, Vögel und sogar große Säugetiere wie Flusspferde oder

Diese Reptilien sind heute ausgestorben!

- Dinosaurier
- Fischsaurier
- Flugsaurier
- Paddelechsen

Löwen. Schlangen sind ebenfalls Fleischfresser. Je nach Körpergröße fressen sie Insekten, Spinnen, Frösche, Mäuse und kleinere Säugetiere. Während das Chamäleon Insekten frisst, können Warane sogar große Säugetiere verspeisen. Die meisten Echsen sind also Fleischfresser, aber es gibt auch Ausnahmen: Leguane und viele Agamen bevorzugen beispielsweise eine pflanzliche Kost.

Fortpflanzung

Die meisten Reptilien legen Eier mit einer pergamentartigen oder kalkartigen Schale. Ein Larvenstadium wie bei den Amphibien gibt es nicht. Die ausschlüpfenden Jungtiere sind völlig selbstständig. Einige Echsen wie Blindschleichen, Bergeidechsen sowie manche Schlangen, zum Beispiel Kreuzotter und Seeschlangen, sind lebend gebärend. Das heißt, die Jungen entwickeln sich im Mutterleib vollständig und kommen lebend zur Welt.

Der Nachwuchs vieler Reptilien schlüpft aus Eiern.

Welcher Dinosaurier hatte den größten Schädel?

Horndinosaurier (Ceratopier) hatten im Verhältnis zum Körper sehr große Schädel. Ihr Kopf war stark gepanzert und trug Hörner sowie einen knöchernen Nackenschild. Pentaceratops besaß wohl den größten Kopf aller Dinosaurier — er machte etwa ein Drittel der Gesamtlänge (sechs Meter) des Tieres aus.

Horndinosaurier hatten die größten Schädel.

Man fand 1941 einen Schädel, der länger als drei Meter ist. Auch Torosaurus hatte einen gewaltigen Kopf mit einer Länge von 2,8 Metern. Diese beiden Horndinosaurier dürften die Landtiere — ausgestorben oder lebend — mit dem größten Kopf sein. Ceratopier lebten in der späten Kreidezeit, vor 70 bis 65 Millionen Jahren.

Welcher Dinosaurier legte die größten Eier?

Das größte je gefundene Dinosaurierei gehörte einem Hypselosaurus (zwölf Meter lang und zehn Tonnen schwer). Es ist etwa 30 Zentimeter lang,

25 Zentimeter breit und hat 3,3 Liter Inhalt. Das Ei ist etwa 100 Millionen Jahre alt und wurde in Frankreich entdeckt. Größer konnte ein Ei nicht werden, weil ein größeres Ei auch eine wesentlich dickere Schale benötigt hätte. Aber in einem Ei mit einer dickeren Schale hätte sich der Embryo nicht entwickeln können. Die meisten Dinosauriereier, die heute ausgegraben werden, sind leer, das heißt, die kleinen Dinos waren schon ausgeschlüpft.

Wo liegt der tiefste Fundort von Dinosaurierfossilien?

Die tiefste Stelle, an der man je Überreste von Dinosauriern entdeckte, ist eine Kohlengrube in der Stadt Bernissart (Belgien). Darin fand man 1877/78 in 322 Metern Tiefe zahlreiche Skelettreste von Iguanodon. Dieser Pflanzenfresser war der zweite Dinosaurier, der zu Beginn des 19. Jahrhunderts entdeckt wurde, obwohl es damals die Bezeichnung „Dinosaurier" noch gar nicht gab. Der Iguanodon war in der frühen Kreidezeit, vor 100 Millionen Jahren, verbreitet.

In Bernissart fand man in 322 Metern Tiefe zahlreiche Skelettreste von Iguanodon.

An Land

Wie heißt die größte Kröte der Welt?

Die größte Kröte auf der Erde ist die Kolumbianische Riesenkröte oder Blombergkröte (Bufo blombergi). Sie wurde 1951 im Urwald Kolumbiens entdeckt. Sie kann eine Körpergröße von bis zu 26 Zentimetern und ein Gewicht bis zu zwei Kilogramm erreichen. Dieser zweitgrößte Froschlurch nach dem Goliathfrosch lebt in feuchten, sumpfigen Waldgebieten. Die Kolumbianische Riesenkröte produziert pro Brutsaison etwa 50.000 Eier — so viel Laich wie keine andere Amphibie. Trotzdem ist sie vom Aussterben bedroht.

Wie heißt der übelst riechende Frosch der Welt?

Diese stinkende Amphibie aus Venezuela heißt sehr treffend Skunkfrosch (Aromobates nocturnus) und sondert bei Gefahr ein übel riechendes Sekret ab, um sich gegen Fressfeinde zu verteidigen. In diesem Sekret sind ähnliche Schwefelverbindungen enthalten wie bei dem des Stinktiers.

Welcher Frosch ist der giftigste der Welt?

Als giftigster aller Frösche gilt der kleine, leuchtend gefärbte Pfeilgiftfrosch (Phyllobates terribilis), der in Süd- und Mittelamerika beheimatet ist. Er wird zwar nur vier bis fünf Zentimeter groß, aber sein Gift reicht aus, um zehn erwachsene Menschen oder 20.000 Mäuse zu töten. Die Indianer Westkolumbiens verwendeten dieses Gift, um die Spitzen ihrer Jagdpfeile damit zu tränken — daher auch der Name dieses Froschs. Nach Aussagen der Indianer kann ein von einem giftigen Pfeil getroffener Mensch nur noch wenige hundert Meter laufen, bevor er tot zusammenbricht.

Das Gift des Pfeilgiftfroschs kann sogar Menschen töten.

Wie heißt der größte Frosch der Welt?

Der größte Frosch der Welt ist der Goliathfrosch (Conraua goliath), der in Afrika heimisch ist. Ausgewachsene Tiere haben eine Körperlänge von über 30 Zentimetern bei einem Gewicht von über drei Kilogramm. Das größte jemals gefundene Exemplar maß vom Kopf bis zum Po 36,3 Zentimeter und erreichte bei ausgestreckten Beinen eine Gesamtlänge von 87,6 Zentimetern. Der Riese wog 3,66 Kilogramm — so viel wie eine Hauskatze!

Wie geht der raffinierteste Frosch der Welt auf Beutejagd?

Der raffinierteste Angler unter den Fröschen ist der Schmuckhornfrosch (Ceratophrys) aus Südamerika. Er frisst am liebsten Insekten, kleine Schlangen, Eidechsen, Vögel und sogar Fische. Um Letztere zu fangen, hat er eine ganz besondere Methode entwickelt. Als sogenannter Lauerjäger sitzt er unauffällig am Ufer und lässt einen Arm ins Wasser hängen. Hin und wieder bewegt er einen Finger, um kleinen Fischen ein zuckendes Insekt vorzutäuschen. Sobald einer anbeißen will, schleudert der Frosch die Beute aus dem Wasser und verspeist sie genüsslich. Im Verhältnis zum Körper ist das Maul der Hornfrösche mit den kräftigen Kiefern geradezu riesig, sodass sie sogar Beutetiere verschlingen können, die fast so groß sind wie sie selbst — ein ausgewachsener Hornfrosch wird zwischen zehn und 17 Zentimeter groß.

Der Schmuckhornfrosch ist ein raffinierter Jäger.

Wie groß wird die kleinste Kröte der Welt?

Die Eichenkröte (Bufo quercicus) wird gerade einmal drei Zentimeter lang und ist damit die kleinste bekannte Kröte der Welt. Sie lebt aber nicht in Eichenwäldern, wie der Name vermuten lässt, sondern ist ein typischer Bewohner der Kiefernwälder im Südosten der USA. Diese winzigen Amphibien können sich bei drohender Gefahr blitzschnell im Erdboden vergraben. Ihr Ruf ähnelt dem Piepen eines frisch geschlüpften Kükens.

Welche Schwanzlurche sind die größten Europas?

Der Spanische Rippenmolch (Pleurodeles waltl), eine Amphibie aus der Familie der Echten Salamander, ist mit einer Körperlänge von 28 bis 31 Zentimetern der größte Schwanzlurch Europas. Fast genauso groß wird der Grottenolm (Proteus anguinus). Dieser seltsame Schwanzlurch lebt als dauernde Larvenform in Höhlengewässern. Der aalähnlich gestreckte Körper des Grottenolms kann 25 bis 30 Zentimeter lang werden.

Der Grottenolm ist einer der größten Schwanzlurche Europas.

Welche Amphibie ist die kleinste der Welt?

Den Titel der kleinsten Amphibie teilen sich gleich mehrere Froscharten. Es sind der winzige Kubanische Zwergfrosch (Eleutherodactylus limbatus) mit einer Körperlänge von 0,85 bis 1,2 Zentimetern

An Land

sowie Stumpffia tridactylus und Stumpffia pygmaea aus Madagaskar, die nur einen bis 1,2 Zentimeter lang werden. Diese Winzlinge halten einen weiteren Rekord: Sie sind die kleinsten Frösche der Erde.

Welcher Fisch kann als Einziger auch an Land leben?

Der zehn bis 30 Zentimeter lange Schlammspringer (Periophthalmus) ist der einzige Fisch, der an Land und im Wasser gleichermaßen zu Hause ist. Die Brustflossen dieser seltsamen Fische sind stark verdickt und gleichen Armen, mit denen die Tiere über den schlammigen Boden vorwärtskriechen können. Ihre Augen liegen oben auf dem Kopf wie bei einem Frosch. Damit die empfindlichen Augen bei Landaufenthalten nicht austrocknen, haben die Tiere Hauttaschen unter den Augen, in denen Flüssigkeit gespeichert ist. Schlammspringer atmen durch Kiemen. Da sie vor allem bei Ebbe an Land oder im flachen Wasser leben, ist ihre Kiemenhöhle nur durch eine enge Kiemenspalte mit der Außenwelt verbunden. An Land können sie die Spalte verschließen. So wird verhindert, dass die Kiemen austrocknen. Schlammspringer leben an den tropischen Küsten Afrikas und Asiens in den Mangrovensümpfen, das heißt zwischen den Wurzeln der Mangrovenbäume und im Schlick des Bodens.

Welche Klasse ist die artenreichste des Tierreichs?

Mit fast 900.000 Arten sind die Insekten die größte Klasse des gesamten Tierreichs. Nach Schätzun-

gen von Wissenschaftlern leben heute rund eine Trillion — das ist eine Eins mit 18 Nullen! — Insekten auf der Erde. Das Geheimnis ihres Erfolgs ist, dass sie sich fast allen Lebensräumen perfekt angepasst haben. Insekten gehören zu den ältesten Bewohnern unseres Planeten und besiedelten die Erde schon vor 400 Millionen Jahren noch vor den Dinosauriern.

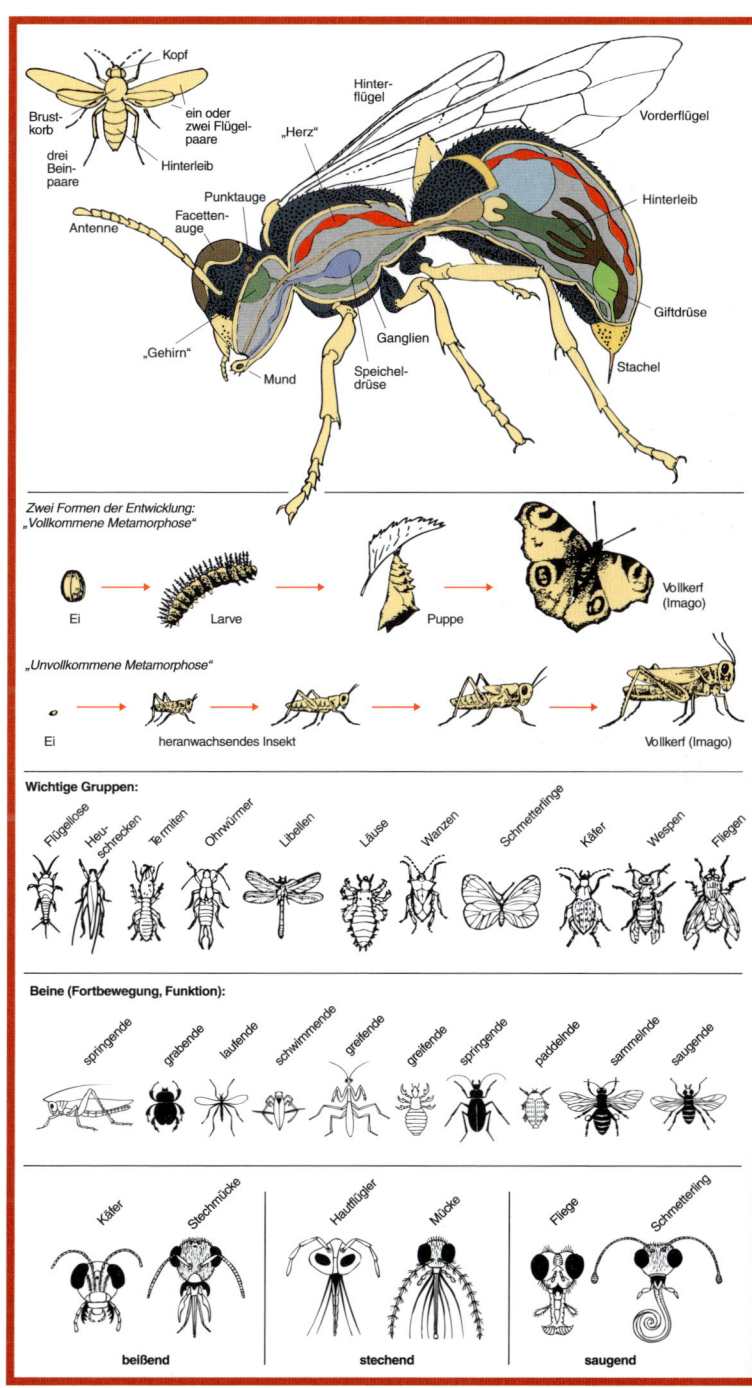

Die Insekten sind die artenreichste Klasse im Tierreich.

Welches ist das schwerste Insekt der Welt?

Als schwerstes Insekt der Welt gilt der Goliathkäfer (Goliathus druryi), dessen Männchen sich zu wahren Riesen von bis zu 13 Zentimetern Länge und 110 Gramm Gewicht entwickeln. Dieser vor allem im tropischen Afrika heimische Käfer hat kräftige Vorderbeine und kann ausgezeichnet klettern. Er krabbelt an den Bäumen hoch, um Saft und weiche Früchte zu finden. Dieses Schwergewicht fliegt mit geschlossenen Flügeldecken.

Der Goliathkäfer kann bis zu 110 Gramm wiegen.

Wie heißt der einzige Käfer, der eine Explosion verursachen kann?

Der Bombardierkäfer (Brachynus crepitans) ist wohl der einzige Käfer der Welt, der einen Explosionsapparat hat. Es handelt sich um Drüsen auf beiden Seiten des Hinterleibs. Der Käfer setzt dieses einzigartige Verteidigungssystem dann ein, wenn er angegriffen wird: Er läuft aufgeregt hin und her und beginnt zu „feuern". Dabei bläst er dem Angreifer ätzende und übel riechende Gase entgegen. Ein Chemiker hat diesen Vorgang untersucht: Mehrere chemische Stoffe kommen unmittelbar vor dem Herausblasen in einer Drüse des Käfers miteinander in Berührung und werden dann als 100 Grad Celsius heißes Gemisch herausgeschossen.

Welches Insekt kann am schnellsten beschleunigen?

Die Weltmeister in dieser Disziplin sind die Schnellkäfer (Familie Elateridae). Diese Käfer verdanken ihren Namen der Fähigkeit, sich durch das Zurückschnellen ihres Kopfes selbst in die Luft zu schleudern. Sie katapultieren sich mit 380-facher Erdbeschleunigung in die Luft. Im Vergleich: Ein Mensch würde auch nur einen Bruchteil dieser Beschleunigung nicht überleben. Dem Schnellkäfer dient dieser Mechanismus vor allem zur Flucht vor Feinden. Auch können sie sich so aus einer Rückenlage befreien. Beim Hochschnellen machen sie ein seltsames Geräusch. Deswegen heißen die Käfer im Englischen auch Click Beatle. Sie ernähren sich hauptsächlich von Blüten und Blättern.

Der Schnellkäfer katapultiert sich mit 380-facher Erdbeschleunigung in die Luft.

An Land

Wie heißen die größten Käfer der Welt?

Den Titel „größter Käfer der Welt" teilen sich der Herkuleskäfer (Dynastes hercules), ein Blatthornkäfer, und der Riesenbockkäfer (Titanus giganteus), ein Bockkäfer. Beide können eine Körperlänge von 17 Zentimetern erreichen. Der männliche Herkuleskäfer trägt mächtige zangenartige Auswüchse am Kopf, die zum Imponieren und zum Kampf mit anderen Männchen dienen. Über den Riesenbockkäfer ist nur wenig bekannt, da erst vor Kurzem lebende Exemplare entdeckt wurden. Seine Larven können eine Länge von bis zu 25 Zentimetern erreichen. Beide leben in den Regenwäldern Südamerikas.

Der Nashornkäfer kann das 850-Fache seines Gewichts tragen.

Die größten Käfer der Welt

Name	Maximale Größe
Herkuleskäfer	17 Zentimeter
Riesenbockkäfer	17 Zentimeter
Elefantenkäfer	14 Zentimeter
Goliathkäfer	13 Zentimeter
Hirschkäfer	8 Zentimeter
Mulmbock	6 Zentimeter

Welches Insekt ist das stärkste der Welt?

Das stärkste Insekt der Erde ist der mitteleuropäische Nashornkäfer (Oryctes nasicornis) und nicht, wie meistens vermutet, die Ameise. Dieser urtümlich gepanzerte Käfer wird bis zu vier Zentimeter lang und wiegt etwa drei Gramm. Dennoch kann er das 850-Fache seines Gewichts tragen. Zum Vergleich: Beim Menschen liegt der Weltrekord im Gewichtheben bei etwa 450 Kilogramm. Verglichen mit dem Nashornkäfer müsste der Weltrekordhalter also 97.750 Kilogramm heben — das entspricht dem Gewicht eines mittelgroßen Blauwals!

Wie heißt das älteste Insekt, das je auf der Erde gelebt hat?

Versteinerte Überreste von Rhyniognatha hirsti, einem vermutlich flügellosen Käfer, beweisen, dass es sich um das älteste bekannte Insekt der Welt handelt. Es lebte vor etwa 410 Millionen Jahren. Die Fossilien wurden 1926 in Schottland gefunden.

Wie heißt der schwerste und größte Käfer Europas?

Der Hirschkäfer (Lucanus cervus) ist der größte und eindrucksvollste Käfer Europas. Die männlichen Käfer werden 30 bis 80 Millimeter, die Weibchen maximal 40 Millimeter lang. Seinen Namen verdankt er dem geweihartig verlängerten Oberkiefer. Der Hirschkäfer steht in Deutschland unter Naturschutz.

Der Hirschkäfer ist der größte Käfer Europas.

Welcher Käfer hat die längsten Fühler?

Der Zimmermannsbock (Acanthocinus aedilis) aus der Familie der Bockkäfer besitzt im Verhältnis zu seiner Körpergröße die längsten Fühler unter den Insekten. Der Käfer wird 1,2 bis zwei Zentimeter lang. Die Fühler des Männchens sind etwa fünfmal so lang wie sein Körper. Die Fühler der weiblichen Käfer bringen es immerhin auf die doppelte Länge der Körpergröße.

Wo lebt der kleinste Käfer der Welt?

Der kleinste Käfer gehört zur Art Nanosella fungi aus der Familie der Federflügler. Er ist in Nordamerika beheimatet. Der Winzling misst nur 0,25 Millimeter

und lebt in den Sporenröhren von Pilzen. Die einheimische Art Acrotrichis sericans erreicht eine Körperlänge von etwa 0,7 Millimetern. Sie kommt im Kompost und in verrottendem Grasschnitt vor. Den Namen verdankt die Familie den eigentümlichen haarförmigen Flügeln, mit denen die Käfer kleine Flüge unternehmen können.

Welche Insekten haben den längsten Entwicklungszyklus?

Das höchste Insektenalter erreichen unter den lebenden Insektenarten die Prachtkäfer. Die Entwicklung dieser Käfer vom Ei zum ausgewachsenen Tier dauert manchmal bis zu 40, sogar 50 Jahre. Ein Exemplar des Prachtkäfers Buprestis aurulenta, das 1983 in Großbritannien gefunden wurde, hatte mindestens 47 Jahre als Larve im Holz gelebt. Bockkäfer bringen es immerhin auf etwa 30 Jahre Lebensdauer.

Die Prachtkäfer haben den längsten Entwicklungszyklus.

Wo lebt der größte Regenwurm der Welt?

Der größte Regenwurm der Welt kommt in Australien vor und kann zwei Meter lang und drei Zentimeter dick werden. Megascolides australis, so heißt der riesige Wurm, ist ein Verwandter unseres heimischen Regenwurms (Lumbricus terrestris), der

An Land

höchstens 30 Zentimeter lang wird. Megascolides lebt auf Bäumen, da er sich auf dem Boden nicht fortbewegen kann.

Wissenswertes über Regenwürmer

Der Regenwurm lebt hauptsächlich unter der Erde und ernährt sich von humusreicher Erde (enthält Bakterien, Pilzsporen und andere Mikroorganismen) und vermoderten Pflanzenresten. Die Ausscheidungen des Regenwurms verbessern den Boden und machen ihn fruchtbarer.

Welche Insekten halten die niedrigsten Temperaturen aus?

Die Raupe des Grönland-Bärenspinners (Gynaephora groenlandica), einem in der Arktis beheimateten Schmetterling, hält Temperaturen bis zu minus 50 Grad aus. Die Raupe ist durch ihre lange Behaarung vor der extremen Kälte geschützt. Sie kann bis zu zehn Monate in tiefgefrorenem Zustand überleben, ohne Schaden zu nehmen.

Welches ist die größte bekannte Termitenart der Welt?

Die Königin der riesigen Termite Macrotermes bellicosus kann bis zu 14 Zentimeter lang und 3,5 Zentimeter breit sein. Eine Termitenkönigin von diesem Ausmaß kann bis zu 30.000 Eier am Tag legen. Diese Termiten bauen auch Termitenhügel, die eine Höhe von sieben Metern und einen Umfang von bis zu 30 Metern erreichen können.

Welches Landtier errichtet die höchsten Bauwerke im Tierreich?

Zu den besten Architekten des Tierreichs zählen mit Sicherheit die Termiten (Isoptera). Manche Arten dieser zwei bis 20 Millimeter großen Insekten bauen Hochhäuser, die bis zu sieben Meter hoch sein und mehrere Meter tief in den Boden hineinragen können. Diese riesigen Bauten, die manchmal wie eine Kathedrale aussehen, können am Fuß einen Durchmesser von bis zu 28 Metern haben. In den schon verlassenen

Termiten errichten die höchsten Bauwerke im Tierreich.

Termitenburgen finden manchmal große Tiere wie Büffel und sogar Elefanten Unterschlupf! Verglichen mit der Größe einer Termite müsste der Mensch Wolkenkratzer von sage und schreibe 800 Metern Höhe bauen!

Welche Insekten bilden die größten Staaten?

Termiten (Isoptera) bilden die größten Kolonien unter den Staaten bildenden Insekten (Ameisen, Bienen, Wespen). Sie errichten oft kunstvolle, riesige Nester, die sich über große Flächen erstrecken und bei manchen Termitenarten mehrere Millionen Tiere beherbergen. Untergliedert ist der riesige Termitenstaat in Soldaten, die die Nester beschützen, und Arbeiter, die für den Bau des Nests und die Pflege der Brut verantwortlich sind. Und dann gibt es natürlich noch eine Königin und einige Männchen, die ununterbrochen für ausreichend Nachwuchs sorgen.

Die Termiten bilden die größten Staaten.

So sind Termitenhügel aufgebaut!

Die Termitenbauten bestehen aus unzähligen Kammern, Höhlen und Hohlräumen, die durch Gänge, Röhren und Rampen miteinander verbunden sind. Es gibt Kinderzimmer für die Termitenlarven, Räume zur Lagerung von Vorräten und eine Zelle für die Königin. Viele Termitenburgen haben eine gut funktionierende Klimaanlage, die für eine gleichbleibende Nesttemperatur sorgt.

Welche Insekten vertragen die größte Hitze?

Eine kleine Ameisenart hält selbst die höchsten Temperaturen in der Wüste aus.

Eine kleine wüstenbewohnende Ameisenart (Cataglyphis bicolor) verträgt die höchsten Temperaturen unter den Insekten. Nicht einmal eine Hitze von 55 Grad Celsius kann sie davon abhalten, fleißig ihren Tätigkeiten nachzugehen.

Wo leben die größten Ameisen der Welt?

Die in Südostasien heimischen Camponotus gigas aus der Gattung der Rossameisen gelten als die größten Ameisen weltweit. Die Königin hat eine Körperlänge von durchschnittlich 30 Millimetern, die Arbeiterinnen sind immerhin 21 bis 28 Millimeter lang. Die Braunschwarze Rossameise (Camponotus ligniperda) dürfte mit bis zu 18 Millimetern Länge die größte mitteleuropäische Ameise sein.

Welche Ameisen bilden die größten Züge?

Die Heeresameisen der Gattung Eciton aus Mittel- und Südamerika und die Treiberameisen der Gat-

An Land

tung Dorylus aus Afrika befinden sich fast ständig auf Wanderschaft. Dabei bilden sie organisierte Züge, die bis zu 100 Meter lang und mehr als einen Meter breit sein können. Sie bestehen dann aus bis zu 600.000 Einzeltieren. Diese Ameisen lassen sich nur kurz nieder, wenn sich die Larven verpuppen; sobald diese ausgeschlüpft sind, ziehen die Tiere wieder weiter.

Wie heißen die Insekten, die als Einzige Pilze züchten?

Man glaubt es kaum, aber die Blattschneiderameisen (Atta cephalotes) legen richtige „Pilzgärten" an. Sie zerteilen mit ihren Mundwerkzeugen Pflanzenblätter in kleine Stücke und tragen diese in ihren Bau. Die gesammelten Blätter werden von den Arbeiterinnen gekaut, der dabei entstehende Brei in besonderen Pilzkammern wird auf eine Art Komposthaufen gegeben. Der darauf wachsende Pilz breitet sich wie Schimmel aus. Diese „Pilzbeete" werden von den Arbeiterinnen mit den Mundwerkzeugen ständig gepflegt. Mit den darauf wachsenden Pilzen werden dann die Larven gefüttert.

Blattschneiderameisen sind die einzigen Insekten, die Pilze züchten.

Welches ist das am schnellsten krabbelnde Insekt?

Tropische Schaben (aus der Familie Dictyoptera) sind die schnellsten Insekten am Boden. Sie schaffen Spitzengeschwindigkeiten von 1,5 Metern pro Sekunde, was 5,4 Kilometern in der Stunde oder dem 50-Fachen ihrer Körperlänge pro Sekunde entspricht. Sehr schnell ist auch der Sandlaufkäfer (Cicindela). Auf der Flucht vor Feinden kann er 58 Zentimeter in der Sekunde zurücklegen, was immerhin in etwa einer Geschwindigkeit von zwei Kilometern pro Stunde entspricht.

Auch der Sandlaufkäfer krabbelt sehr schnell.

Wo wurde die größte Ameisenkolonie entdeckt?

Die größte je entdeckte Ameisenkolonie erstreckt sich über 6000 Kilometer von Norditalien durch Südfrankreich bis zur spanischen Atlantikküste. Diese Riesenkolonie wurde von den Angehörigen der Argentinischen Ameise (Linepithema humile) gegründet, die vor rund 80 Jahren durch südamerikanische Einwanderer nach Europa eingeschleppt wurde. Die Arbeiterinnen dieser Art sind durchschnittlich 2,5 Zentimeter, die Königinnen bis zu fünf Zentimeter groß.

Bei welchem Tier wurde die schnellste Bewegung im Tierreich gemessen?

Die bisher schnellste Körperbewegung im gesamten Tierreich konnten amerikanische Wissenschaftler bei der Schnappkieferameise (Odontomachus bauri) feststellen. Diese südamerikanische Ameisenart hat einen besonderen Schnappmechanismus am Kiefer. Sie kann so schnell zubeißen, dass ihre Mundwerkzeuge nur 0,13 Millisekunden dazu brauchen. Das heißt, dass der Oberkiefer sich durchschnittlich mit einer Geschwindigkeit von 38,4 Metern in der Sekunde schließt. Diese Untersuchungen konnten nur mit Kameras durchgeführt werden, die bis zu 50.000 Bilder pro Sekunde schießen können!

Wo leben die größten Tausendfüßer der Welt?

Der Riesentausendfüßer (Archispirostreptus gigantea) ist eine Art aus Afrika, die bis zu 38,5 Zentimeter lang werden kann. Dieser Tausendfüßer, der einen Umfang von rund 6,5 Zentimetern und 256 Beine hat, dürfte damit der größte Doppelfüßer sein. Charakteristisch für diese „Vielbeiner" ist, dass ihr Körper in gleichartige Abschnitte geteilt ist, die je ein Beinpaar tragen.

Welche Tiere besitzen die meisten Beine?

Die Tausendfüßer (Myriapoda), die zu den Gliederfüßern gehören, haben mit Sicherheit die meisten Beine im Tierreich. Natürlich besitzen sie nicht 1000 Füße. Aber immerhin bringt es die Art Illacme pleni-

Die reaktionsschnelle Gottesanbeterin ist eine geschickte Jägerin!

Sehr reaktionsschnell ist auch die Gottesanbeterin (Mantis religiosa). Sie benötigt nur drei hundertstel Sekunden, bis sie die Beute erkennt und fängt. Diese einzige in Europa heimische Fangschreckenart verdankt ihren Namen der gebetsartigen Haltung ihrer Fangarme. Zur Jagd sitzt sie bewegungslos im Gras und ist so vor ihren Opfern gut verborgen. Nähert sich ein Beutetier, schnellen ihre Vorderbeine und die Hüfte ruckartig nach vorn. Die Dornen an den Beinen verhindern die Flucht der Beute. Anschließend legt die Gottesanbeterin die Beine wieder an und verspeist das Opfer.

Auch die Gottesanbeterin ist sehr reaktionsschnell.

An Land

pes maximal auf 750 Beine. Die Weibchen dieser in Amerika vorkommenden Tausendfüßer werden mit etwa 30 Millimetern fast doppelt so groß wie die Männchen und haben auf jeden Fall mindestens 660 Beine.

Tausendfüßer besitzen die meisten Beine.

Welches ist der größte Hundertfüßer?

Der Brasilianische Riesenläufer (Scolopendra gigantea) ist mit einer Länge von 25 bis 27 Zentimetern der größte bekannte Hundertfüßer. Dieser Bewohner des tropischen Südamerikas besitzt Giftklauen am Kopf, mit denen er seine Beute, zum Beispiel Insekten, Mäuse und Frösche, am Kopf festhält und sie lähmt, bevor er sie frisst. Hundertfüßer gehören zur Gruppe der Tausendfüßer, haben aber weniger Beine und immer in ungerader Zahl.

Welche Hundertfüßer sind die giftigsten?

Diesen Rekord dürfte Scolopendra subspinipes halten. Wie alle Scolopender besitzt er Giftklauen, mit denen er sogar die menschliche Haut durchdringen kann. Der Biss lähmt oder tötet zwar die Beutetiere, aber bei Menschen wirkt er nicht tödlich. Er verur-

sacht jedoch meist unerträgliche Schmerzen und Übelkeit. Diese auf den Salomon-Inseln heimische Art wird mit rund 20 Zentimetern ebenfalls sehr groß.

Welche Insekten sind die lautesten der Welt?

Die lautesten Insekten der Welt sind die Zikaden, die eine Lautstärke von durchschnittlich 80 bis 100 Dezibel produzieren und noch in über 18 Kilometer Entfernung zu hören sind. So laut ist der stärkste Verkehrslärm auf unseren Straßen. Eine afrikanische Zikadenart (Brevisana brevis) ist übrigens die lauteste unter den Zikaden. In ihrer unmittelbaren Nähe wurde eine Lautstärke von 106,7 Dezibel gemessen. Wissenschaftler nehmen an, dass dieser Gesang nicht nur zum Anlocken der Weibchen dient, sondern auch zur Abschreckung von Fressfeinden.

Zikaden sind richtige Krachmacher.

Welches ist das längste Insekt?

Das längste Insekt der Welt ist die Gemeine Stabheuschrecke (Carausius morosus), die zu den Gespenstheuschrecken gehört und eine Länge bis zu 30 Zentimetern erreichen kann. Durch ihren schlanken grünen oder braunen Körper ähnelt dieses Tier so sehr einem blattlosen Ast, dass hungrige Vögel sie kaum entdecken können. Tagsüber sitzt sie bewegungslos an einer Pflanze, nachts sucht sie nach Blättern.

Welche Insekten richten die größten Schäden (für Menschen) an?

Die riesigen Schwärme der Wanderheuschrecken können große Schäden verursachen.

Unter den Insekten richten die Wanderheuschrecken wohl die größten Schäden an. Wenn es Nahrung im Überfluss gibt, vermehren sie sich dermaßen stark, dass die riesigen Schwärme ganze Felder verwüsten oder sogar ganz vernichten. Die Schwärme bewegen sich meist über Entfernungen von mehreren hundert Kilometern. Ein mittelgroßer Schwarm von fünf bis zwölf Quadratkilometern Ausdehnung umfasst etwa zwei Milliarden Heuschrecken, die dabei etwa 20.000 Tonnen Pflanzen vertilgen. Afrika wird am stärksten von Heuschreckenplagen heimgesucht. Auf diesem Kontinent gibt es gleich mehrere Arten: die Wüstenheuschrecke (Schistocerca gregaria), die Rote Heuschrecke (Nomadacaris septemfasciata) sowie die Braune Heuschrecke (Locustana pardalina). In Europa kommt nur die Europäische Wanderheuschrecke (Locusta migratoria) vor, die aber selten geworden ist.

Welches Tier ist der beste Hochspringer?

Die Wissenschaftler haben festgestellt, dass die Wiesenschaumzikade (Philaenus spumarius) mit ihrer besonderen Sprungtechnik wahrscheinlich der beste Hochspringer der Welt ist. Das fünf bis sechs Millimeter große und etwa zwölf Milligramm schwere Tier kann bis zu 70 Zentimeter hoch springen. Das würde einem 210 Meter hohen Sprung eines erwachsenen Mannes entsprechen. Bis jetzt galt der zwei bis vier Millimeter große Floh mit etwa 20 Zentimetern Sprunghöhe als der Rekordhalter. Verglichen mit der Größe eines Flohs müsste der Mensch immerhin 157 Meter hoch springen.

Welches Tier springt am weitesten?

Setzt man die Sprungweite ins Verhältnis zur Körperlänge, dann springt der Erdfloh (Phyllotreta atra) am weitesten von allen Lebewesen. Das rund drei Millimeter lange Tier hüpft etwa 60 Zentimeter weit — das ist das 200-Fache seiner Körperlänge. Gemessen in Metern jedoch springt das Rote Riesenkänguru mit 13,5 Metern am weitesten, knapp vor einem Gibbon mit bis zu zwölf Metern und dem Rothirsch mit elf Metern.

Rekorde im Weitspringen

Name	Sprung-weite	Vergleich Körperlänge
Erdfloh	60 cm	200-fache Körperlänge
Menschenfloh	33 cm	110-fache Körperlänge
Grashüpfer	120 cm	60-fache Körperlänge
Mensch	895 cm	5-fache Körperlänge

An Land

Welche Spinnen können die weitesten Sprünge machen?

Die Zebraspringspinne hat die größte Sprungkraft.

Die fünf bis sieben Millimeter große Zebraspringspinne (Salticus scenicus) hat im Verhältnis zu ihrer Körpergröße eine große Sprungkraft und sehr gute Augen, die ein räumliches Sehen ermöglichen. Das ist wichtig, denn sie hat eine ganz besondere Jagdstrategie: Sie lauert am Boden oder an Hauswänden auf ihre Beute — meist Fliegen und Mücken — und springt sie an. So kann sie sogar fliegende Insekten fangen. Interessant ist, dass sie vor dem Sprung einen Sicherheitsfaden spinnt, damit sie nicht abstürzt. Erst dann springt sie auf die Beute zu. Sie kann dabei Entfernungen überwinden, die etwa dem 20-Fachen der eigenen Körperlänge entsprechen.

Wie heißt die schnellste Spinne der Welt?

Die Große Hausspinne (Tegenaria gigantea) erreicht auf kurze Strecken eine Höchstgeschwindigkeit von 1,9 Kilometern in der Stunde. Das heißt, die Spinne kann in zehn Sekunden das 33-Fache der eigenen Körperlänge zurücklegen.

Wo lebt die kleinste Spinne der Welt?

Die kleinste Spinne auf der Erde heißt Patu marplesi und ist auf der Pazifikinsel Samoa beheimatet. Sie ist etwa so klein wie der Punkt am Ende dieses Satzes. Der kleinste dieser Winzlinge wurde 1965 in der Mongolei in einer Höhe von etwa 600 Metern gefunden. Dieses Exemplar war ein Männchen und maß gerade einmal 0,43 Millimeter. Da sie die kleinste Spinne der Welt ist, baut sie natürlich auch die kleinsten Netze, in denen sie auf ihre Beute wartet.

Welche Spinne webt das größte Netz?

Die Seiden- oder Riesenradspinne (Nephila maculata) baut das größte und stabilste Netz unter den Spinnen. Diese Riesengespinste können einen Durchmesser von bis zu 2,8 Metern haben, messen in der Regel aber etwa 1,5 Meter. Für das Weben eines neuen Netzes benötigt diese vier bis fünf Zentimeter große Spinne etwa 90 Minuten — eine tolle Leistung! Diese Netze sind so reißfest und haltbar, dass sie in manchen Gegenden zum Fischfang oder als Gewebe benutzt werden.

Die Seiden- oder Riesenradspinne webt das größte Netz.

Welche Spinne ist die größte?

Wie der Name schon besagt, ist die Riesenvogelspinne (Theraphosa blondi) die größte aller heute lebenden Spinnen. Wenn sie ihre Beine von sich streckt, erreicht sie einen stattlichen Durchmesser von bis zu 30 Zentimetern und passt auf einen großen Teller. Ihr Körper selbst ist 14 Zentimeter groß und mit Haaren bedeckt. Bei Gefahr kann die Spinne die Haare ihres Hinterleibes abstreifen und dem Feind entgegenschleudern. Sie ernährt sich vorwiegend von Insekten, kann aber auch kleine Säugetiere, zum Beispiel Mäuse, fangen.

Die Riesenvogelspinne kann einen Durchmesser von 30 Zentimetern erreichen.

Welches ist die giftigste Spinne der Welt?

Die giftigsten Spinnen sind die Brasilianischen Wanderspinnen. Der Brasilianische Jäger (Phoneutria fera) besitzt das stärkste Nervengift aller Spinnen. Nur 0,006 Milligramm davon reichen aus, um einen erwachsenen Mann zu töten. Mit ausgestreckten Beinen erreicht sie eine Größe von 17 Millimetern. Diese aggressiven Tiere dringen in menschliche Behausungen ein und verstecken sich in Schuhen und Kleidung. Werden sie gestört, beißen sie sofort zu. Glücklicherweise gibt es ein Gegengift, sodass Todesfälle nur selten vorkommen.

Welches ist der giftigste aller Skorpione?

Der Dickschwanzskorpion (Androctonus australis) ist der giftigste bekannte Skorpion der Welt. Seinen Namen verdankt dieses gefährliche Tier seinem dicken Schwanz, an dessen Ende der Giftstachel sitzt. Mit seinen riesigen Klauen greift er seine Beute und schleudert dann seinen Stachel über seinen Körper nach vorn. So spritzt er seinem Opfer Gift ein. Der Wüstenbewohner, der eine Länge von bis zu zehn Zentimetern erreicht, kann auch für den Menschen gefährlich werden.

Welche Skorpione sind die größten der Welt?

Die größten Skorpione dürften einige Heterometrus-Arten und der Kaiserskorpion (Pandinus imperator) sein. Beide können über 20 Zentimeter lang wer-

Der Kaiserskorpion kann über 20 Zentimeter lang werden.

An Land

den. Der Heterometrus ist in Südost-asien beheimatet und nicht sehr giftig, doch kann sein Stich für den Menschen schmerzhaft sein. Der in Afrika heimische Kaiserskorpion hingegen ist ganz harmlos und sticht äußerst selten zu.

Welches an Land lebende Krebstier ist das größte der Welt?

Der größte Landkrebs ist der Palmendieb (Birgus latro). Ein ausgewachsenes Tier kann bis zu 40 Zentimeter lang und bis zu vier Kilogramm schwer werden. Dieses Krebstier kommt auf den Inseln Ozeaniens und des Indischen Ozeans vor. Es kann nicht schwimmen, dafür aber auf Kokospalmen klettern! Der Palmendieb zwickt mit seinen scharfen Scheren die Kokosnüsse ab, damit sie auf den Boden fallen. Später bricht er die Früchte auf und lässt sich das Fruchtfleisch gut schmecken.

Die Weinbergschnecke ist winterfest.

Mithilfe dieser Methode kann die Weinbergschnecke auch den strengsten Winter gut überleben. Dazu muss sie jedoch zu Beginn der Überwinterung so viel Wasser wie möglich aus dem Körper ausscheiden, damit ihr die eisige Kälte und der Frost nichts anhaben können.

Wissenswertes über die Weinbergschnecke

Die Weinbergschnecke kann in menschlicher Obhut bei guter Pflege bis zu 20 Jahre alt werden. In freier Natur kann sie immerhin ein Alter von acht Jahren erreichen.

Welche Weichtiere halten die tiefsten Temperaturen aus?

Die Weinbergschnecke (Helix pomatia), unsere bekannteste heimische Schnecke, kann Temperaturen von minus 40 Grad Celsius überleben, wenn die Mündung ihrer Schale durch einen Schalendeckel verschlossen ist. Dabei handelt es sich um ein Schleimhäutchen, an das laufend Kalk angelagert wird, bis ein fester Deckel entsteht.

Wie groß wird die kleinste Schnecke der Welt?

Die Zwergschnecke (Punctum pygmaeum) — ein Landbewohner — macht ihrem Namen wirklich Ehre: Sie erreicht eine Gesamtgröße von 3,5 Millimetern, wobei ihr Gehäuse gerade einmal 1,5 Millimeter misst. Kein Wunder, dass sie meistens übersehen wird. Dabei ist sie unter Falllaub, Holz und Steinen häufig zu finden.

Amphibien

Amphibien, oft auch Lurche genannt (wissenschaftlich Amphibia), sind eine Klasse der Wirbeltiere. Sie leben seit rund 350 Millionen Jahren auf der Erde. Es gibt etwa 6000 heute lebende Arten.

Merkmale

Das Wort Amphibia ist griechisch und bedeutet so etwas wie „doppellebig". Dieser Name kommt daher, weil diese Tiere sowohl an das Leben im Wasser als auch an Land gebunden sind. Die meisten durchlaufen ein Larvenstadium im Wasser und machen eine Verwandlung durch, nach der sie an Land leben können. Amphibien haben meist vier Gliedmaßen, die gleich (zum Beispiel beim Feuersalamander) oder unterschiedlich lang (zum Beispiel bei Fröschen) sein können; manchmal sind sie auch zurückgebildet,

wie etwa bei den Blindwühlen. Lurche haben eine nackte, drüsenreiche (oft Giftdrüsen) Haut, die glatt oder warzig sein kann; sie ist auch an Land von der Feuchtigkeit abhängig. Amphibien nehmen Wasser über die Haut auf. Ihre Augen und der Geruchsinn sind sehr stark entwickelt, sie hören jedoch meist nicht gut.

Verbreitung und Lebensraum

Schwanzlurche kommen hauptsächlich in gemäßigten Breiten vor, während Froschlurche in allen Erdteilen zu finden sind. Sie fehlen nur in den Polargebieten. In tropischen Regionen sind Froschlurche besonders zahlreich vertreten. Amphibien leben sowohl an Land (im Gras, auf Bäumen, unter Steinen) als auch im oder am Wasser.

Amphibien wie der Frosch leben an Land und im Wasser.

Lebensweise und Ernährung

Amphibien sind wechselwarme Tiere und daher von der Temperatur der Umgebung abhängig. Bei sehr tiefen Temperaturen fallen sie in eine Kältestarre. Während dieser Winterruhe in den gemäßigten Breiten verkriechen sich viele Frösche in den Bodenschlamm ihrer Heimatgewässer. Kröten und Schwanzlurche vergraben sich in feuchter Erde. In dieser Zeit fressen sie nicht. Sauerstoff nehmen sie durch Hautatmung auf.

Salamander zählen zu den Amphibien.

Fressfeinde der Amphibien

Amphibien bilden selbst eine wichtige Nahrungsgrundlage für andere Tiere. Die größten Fressfeinde der Larven sind Fische und Wasservögel; zu den Feinden der erwachsenen Lurche zählen Säugetiere, Vögel und Reptilien.

Viele Amphibien sind nachtaktive Tiere. So können sie sich vor ihren Fressfeinden besser schützen. Außerdem ist es nachts kühler, dadurch verliert die Haut weniger Wasser und bleibt feucht.

Die Larven der Lurche ernähren sich vor allem pflanzlich.

Die Larven der Froschlurche ernähren sich hauptsächlich pflanzlich, die Molchlarven hingegen sind reine Fleischfresser. Alle erwachsenen Amphibien sind ebenfalls Fleischfresser. Sie verspeisen gerne kleine Insekten, Spinnen, Schnecken, Würmer, die größeren Lurche sogar kleine Säugetiere.

Fortpflanzung

Die meisten Lurche legen ihre Eier (den sogenannten Laich) ins Wasser, wo sich die Larven oder Kaulquappen entwickeln. Nach der Verwandlung gehen die Amphibien an Land. Im Wasser atmen die Larven durch Kiemen wie ihre Vorfahren, die Fische. Bei den erwachsenen Tieren verschwinden die Kiemen, sie atmen durch einfache Lungen.

Systematik der Amphibien

Amphibien werden in drei Ordnungen unterteilt:
- **Schwanzlurche** (Molche, Salamander): Sie haben zeitlebens einen Schwanz.
- **Froschlurche** (Frösche, Kröten, Unken): Sie haben als erwachsene Tiere keinen Schwanz.
- **Blindwühlen:** Sie sind wurmförmig, leben auf dem Boden und haben keine Gliedmaßen.

Es gibt auch einige wenige Arten, die lebend gebären wie beispielsweise der Alpensalamander und der Feuersalamander. Diese Lurche legen keine Eier, sondern bringen fertig entwickelte Junge zur Welt. Einige Arten wiederum behalten die Larvenform zeitlebens und leben ständig im Wasser wie der mexikanische Axolotl und der Grottenolm.

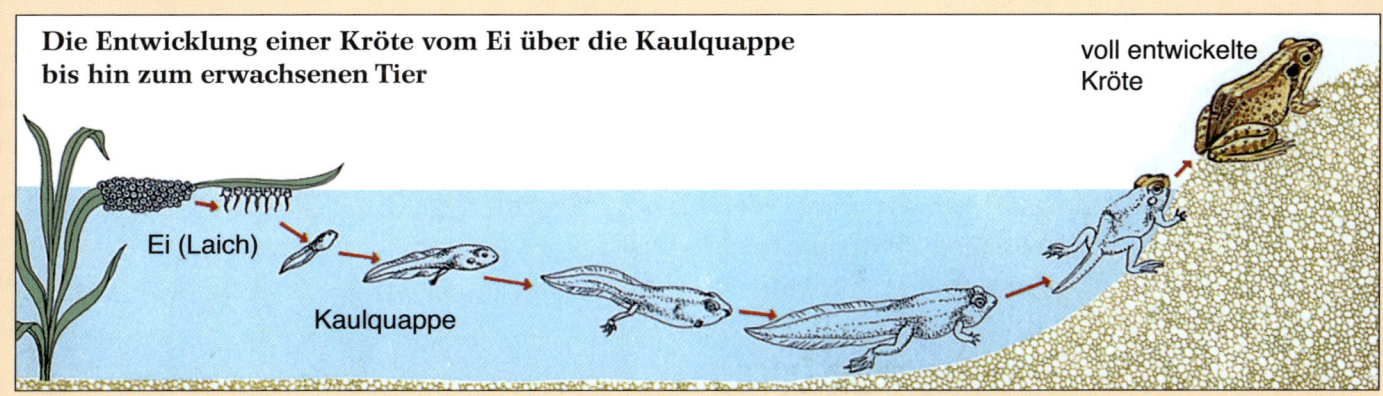

Die Entwicklung einer Kröte vom Ei über die Kaulquappe bis hin zum erwachsenen Tier

voll entwickelte Kröte

Ei (Laich)

Kaulquappe

Welches Säugetier hat den schnellsten Herzschlag?

Das Herz der Zwergfledermaus schlägt 900-mal in der Minute.

Die meisten Herzschläge unter den Säugetieren hat die heimische Zwergfledermaus (Pipistrellus pipistrellus). Sie bringt es auf 900 Herzschläge in der Minute, das sind 15 Schläge pro Sekunde. Im Winterschlaf sinken jedoch alle wichtigen Körperfunktionen auf ein Minimum. Das Herz schlägt dann nur noch etwa zehnmal in der Minute. Einen sehr schnellen Herzschlag haben auch an Land lebende Mäuse mit 650 und der Igel mit 300 Herzschlägen pro Minute. Das Herz eines Menschen schlägt hingegen nur etwa 70-mal in der Minute.

Welches ist der beste Gleiter unter den Gleitbeutlern?

Das australische Riesenflughörnchen (Petaurus australis) kann von allen Gleitbeutlern am besten segeln. Gleitbeutler haben an den Körperseiten eine Flughaut, die mit dem Fuß- und Handgelenk verwachsen ist. Das Riesenflughörnchen wird bis zu 30 Zentimeter lang und hat einen etwa 50 Zentimeter langen Schwanz. Mithilfe seiner Flughaut und des langen Schwanzes, der zur Steuerung dient, kann es bis zu 115 Zentimeter weit durch die Luft gleiten.

Welches Tier hat die größten Ohren im Verhältnis zur Körpergröße?

Die größten Ohren im gesamten Tierreich besitzt natürlich der Afrikanische Elefant, aber die größten Ohren im Verhältnis zur Körpergröße hat eine kleine Fledermaus, das Braune Langohr (Plecotus auritus). Die Lauscher dieses fliegenden Säugetiers erreichen mit etwa vier Zentimetern fast seine Körperlänge. Der Winzling wird vier bis fünf Zentimeter groß, hat eine Spannweite von 2,4 bis 2,9 Zentimetern und wiegt fünf bis elf Gramm.

Die Ohren des Braunen Langohrs sind fast so lang wie es selbst.

In der Luft

Welche Tiere sind die einzigen Blutsauger unter den Säugern?

Vampirfledermäuse (Desmodontinae), von Nordmexiko bis Chile, Argentinien und Uruguay heimisch, sind die einzigen Säugetiere, die sich ausschließlich vom Blut anderer Säugetiere oder Vögel ernähren. Während der Gemeine Vampir (Desmodus rotundus) eine besondere Vorliebe für das Blut von Rindern hat, haben sich andere Arten eher auf Vögel spezialisiert. Sobald der Vampir ein Beutetier aus der Luft erspäht, landet er in dessen Nähe, krabbelt zum Opfer hin und schneidet mit seinen sehr scharfen Zähnen eine kleine Wunde in die Haut des Opfers. Sobald Blut austritt, leckt er mit der Zunge das Blut aus der Wunde. Das Beutetier kann durch den Speichel des Vampirs Krankheiten wie Tollwut bekommen. Die Vampirfledermaus bildet die Vorlage für die gruseligen Vampirgeschichten und den berühmten Grafen Dracula!

Welches sind die kleinsten Säugetiere der Welt?

Als die kleinsten Säugetiere der Erde gelten die Hummel- oder Schweinsnasenfledermaus (Craseonycteris thonglongyai) und die Etruskerspitzmaus (Suncus etruscus). Die winzige Fledermaus ist — wie der Name vermuten lässt — etwa so groß wie eine Hummel. Sie wird 2,9 bis 3,3 Zentimeter lang, hat eine Flügelspannweite von 13 bis 15 Zentimetern und ein Gewicht von 1,7 bis zwei Gramm. Die Etruskerspitzmaus hat eine Kopf-Rumpf-Länge von drei bis 3,5 Zentimetern, eine Schwanzlänge von 2,5 bis drei Zentimetern und ein Gewicht von zwei Gramm. Sie lebt vor allem im Mittelmeerraum, in Asien und vereinzelt in Afrika.

Wo lebt die größte Fledermaus der Welt?

Die Australische Gespenstfledermaus (Macroderma gigas) ist die größte Fledermaus der Erde und, wie der Name schon besagt, in Australien verbreitet. Sie erreicht eine Kopf-Rumpf-Länge von zehn bis 14 Zentimetern, eine Spannweite von bis zu 60 Zentimetern und ein Gewicht von 130 bis 220 Gramm. Man darf sie aber nicht mit den größten Fledertieren (Kalong und Riesenflughund) verwechseln. Fledertiere bilden eine Ordnung der Säugetiere, die sich in die Unterordnungen Fledermäuse und Flughunde aufteilt.

Die Australische Gespenstfledermaus ist die größte Fledermaus.

Welche Fledertiere sind die größten der Welt?

Die größten Fledertiere sind der Indische Riesenflughund (Pteropus giganteus), der Goldkronenflughund (Acerodon jubatus) und der Kalong (Pteropus vampyrus). Sie erreichen eine Kopf-Rumpf-Länge von bis zu 40 Zentimetern, eine Flügelspannweite von etwa 1,7 Metern und ein Gewicht von bis zu 1,6 Kilogramm. Fledertiere sind die einzigen Säugetiere, die aktiv fliegen können.

Der Indische Riesenflughund ist eines der größten Fledertiere.

Welche Fledermaus ist die kleinste der Welt?

Die kleinste Fledermaus der Erde, die Schweinsnasen- oder Hummelfledermaus (Craseonycteris thonglongyai), ist gleichzeitig das kleinste Fledertier und das kleinste bekannte Säugetier der Welt. Sie wird nur 2,9 bis 3,3 Zentimeter lang und hat ein Gewicht von 1,7 bis zwei Gramm. Der Winzling kann seine Flügel 13 bis 14,5 Zentimeter weit spannen. Er hat einen charakteristischen Kopf mit einer schweineartigen, vorgestreckten Schnauze — daher der Name! Diese Tiere leben vor allem in Kalksteinhöhlen am Fluss Kwae Noi in Thailand und ernähren sich von Insekten und Spinnen.

Fledermäuse und Flughunde

Fledermäuse und Flughunde gehören zur Ordnung der Fledertiere und sind weltweit die einzigen Säugetiere, die wie die Vögel mithilfe von Flügeln fliegen können!

Welcher Vogel hat den stärksten Schnabel?

Die meiste Kraft im Schnabel hat der Kernbeißer (Coccothraustes coccothraustes). Diese in Europa heimische Finkenart wird 16 bis 18 Zentimeter lang und wiegt höchstens 60 Gramm, hat aber einen

Der Kernbeißer hat den stärksten Schnabel.

mächtigen Schnabel. Das Leibgericht des Kernbeißers sind Kirschkerne. Um diese zu knacken, muss er allerdings mit seinem Schnabel einen Druck von 50 Kilogramm ausüben. Neben Kirschkernen liebt er die Samen von Ahornbäumen und Eschen, Apfelkerne sowie Hasel- und Walnüsse.

In der Luft

Welche Tiere sind Weltmeister im Rekordhalten?

Die meisten Rekorde unter den Vögeln halten die Kolibris: Die sogenannte Bienenelfe ist der kleinste Vogel (etwa fünf Zentimeter lang, zwei Gramm schwer) unseres Planeten und legt die kleinsten Eier (6,35 Millimeter lang, 0,25 Gramm schwer) der Welt. Der Zwergkolibri baut die kleinsten Nester, die Sonnenstrahlelfe hat den schnellsten Flügelschlag (90 Schläge in der Sekunde), der Schwertschnabel-Kolibri besitzt den längsten Schnabel im Verhältnis zur Körperlänge und der Rubinkehlkolibri trägt die wenigsten Federn im Vogelreich. Tolle Leistung für so winzige Kerlchen!

Welcher Vogel besitzt den buntesten Schnabel?

Den farbenfrohesten Schnabel der gesamten Vogelwelt hat der Fischertukan oder Regenbogentukan (Ramphastus sulfuratus), der im tropischen Amerika

beheimatet ist. Alle Tukane, auch Pfefferfresser genannt, haben überdimensionale Schnäbel, die viel leichter sind, als die Größe vermuten lässt; sie bestehen nämlich aus wabenartigem Knochengewebe. Diese Exoten bewohnen hauptsächlich das Amazonasgebiet und halten sich meist in den hohen Baumwipfeln auf.

Welcher Vogel hat den längsten Schnabel?

Der Brillenpelikan (Pelecanus conspicillatus) hat mit 34 bis 47 Zentimetern den längsten Schnabel der

Der Brillenpelikan hat den längsten Schnabel.

Vogelwelt. Der etwa 1,6 Meter große Vogel erreicht eine Flügelspannweite von etwa 2,5 Metern. Der in Australien heimische Brillenpelikan ernährt sich überwiegend von Fischen. Den längsten Schnabel im Verhältnis zur Gesamtkörperlänge besitzt allerdings der Schwertschnabel-Kolibri (Ensifera ensifera), der in Venezuela und in den Anden beheimatet ist. Sein 10,2 Zentimeter langer Schnabel ist länger als der Körper des Vogels.

Der Regenbogentukan besitzt den buntesten Schnabel.

Welcher Vogel erreicht die größte Flughöhe?

Den Höhenflugrekord hält der Sperbergeier (Gyps rueppelli), der die unglaubliche Flughöhe von über 11.000 Kilometern erreichen kann. 1973 stieß ein Exemplar sogar mit einem Verkehrsflugzeug in 11.300 Metern Höhe zusammen! Die Flügelspannweite dieses Vogels beträgt 2,4 Meter, die Körperhöhe einen Meter, das Gewicht sechs bis neun Kilogramm. Seine Heimat ist Afrika.

Der Sperbergeier kann eine Flughöhe von über 11.000 Kilometern erreichen.

Maximale Flug-höhen bei Vögeln	
Name	**Flughöhe**
Sperbergeier	11.000 Meter
Streifengans	9000 Meter
Nilgans	8500 Meter
Anden-Kondor	7000 Meter
Kalifornien-Kondor	5000 Meter

Welche Zugvögel erreichen die größten Höhen?

Streifengänse fliegen in Höhen von bis zu 9000 Metern.

Diesen Rekord dürften die Streifengänse (Anser indicus) und Nilgänse (Alopochen aegyptiacus) halten. Auf ihren langen Flügen erreichen die Streifengänse die gewaltige Höhe von über 9000 Metern, die Nilgänse bringen es immerhin auf 8500 Meter — das ist fast so hoch wie ein Passagierflugzeug!

Welche Vögel haben die kürzesten Schnäbel?

Diesen Weltrekord teilen sich die Arten der Vogelfamilie der Segler (Apodidae) und der Familie der Nachtschwalben (Caprimulgidae), die auch ziemlich eng miteinander verwandt sind. Die Schnäbel der Segler sind maximal zehn bis 11,5 Millimeter lang, die der Nachtschwalben sogar nur acht bis zehn Millimeter.

In der Luft

Welcher Vogel hat den schnellsten Flügelschlag?

Den Weltrekord in dieser Disziplin hält ein Kolibri mit dem Namen Sonnenstrahlelfe (Heliactin cornuta). Die zierlichen Kolibris schwirren in der Luft, indem sie ihre Flügel extrem schnell schlagen. Die Sonnenstrahlelfe schafft bis zu 90 Schläge pro Sekunde! Das ist so schnell, dass ihre Flügel dabei fast unsichtbar sind.

Welcher Vogel ist der schnellste Flieger der Welt?

Der schnellste aller Vögel ist der Wanderfalke (Falco peregrinus), der im Sturzflug Geschwindigkeiten von bis zu 340 Kilometern in der Stunde oder mehr erreichen kann. Der meisterhafte Jäger stürzt sich mit atemberaubender Geschwindigkeit auf andere Vögel herab — meist sind es Tauben, Stare und Drosseln — und packt sie in der Luft. Er tötet die Beute mit seinen kräftigen Klauen und frisst sie schließlich am Boden. Der Wanderfalke kann 38 bis 51 Zentimeter groß werden.

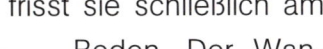
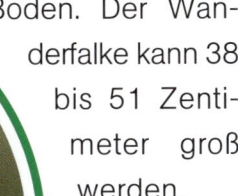

Der Wanderfalke kann sehr hohe Geschwindigkeiten erreichen.

Welcher Vogel ist der schnellste Streckenflieger?

Auf mehr als 76 Kilometer in der Stunde bringen es die Eiderenten (Somateria mollissima) beim Streckenflug, den sie im sogenannten Ruderflug bewältigen. Die Eiderente ist mit einer Körperlänge von durchschnittlich 58 Zentimetern etwas größer als eine Stockente und erreicht durchschnittlich ein Körpergewicht von 2,2 Kilogramm.

Die Eiderente ist der schnellste Streckenflieger.

Welcher Vogel hält den Weltrekord im Dauerfliegen?

Der Dauerflieger unter den Landvögeln ist der Mauersegler (Apus apus). Kein anderer Vogel verbringt so viel Zeit seines Lebens im Flug. Von dem Zeitpunkt, an dem die Jungvögel ihr Nest verlassen, fliegen sie ununterbrochen — etwa drei Jahre —, bis sie zum ersten Mal brüten. Mauersegler trinken und schlafen sogar im Flug. Sie verlassen den Luftraum nur zum Brüten und zur Aufzucht des Nachwuchses. Diese Luftakrobaten mit Spitzengeschwindigkeiten von bis zu 200 Kilometern pro Stunde gehören zu den schnellsten Vögeln überhaupt. Der Mauersegler überwintert in Süd- und Äquatorialafrika.

Welche Vögel erlernen das Fliegen am schnellsten?

Junge Großfußhühner (Familie Megapodiidae) und Braunbauch-Tragopane (Tragopan caboti), beide in Südostasien beheimatet, haben es besonders eilig, davonzufliegen. Sie sind sofort nach dem Schlüpfen flugfähig beziehungsweise brauchen höchstens einen Tag, um das Fliegen zu erlernen.

Welche Vögel benötigen die längste Zeit, um das Fliegen zu erlernen?

Der Königsalbatros (Diomedea epomophora) und der Wanderalbatros (Diomedea exulans), beide Seevögel der Südsee, lassen sich viel Zeit bis zu ihrem ersten Flug. Sie erlernen erst nach neun bis zwölf Monaten das Fliegen. Kein Wunder bei der Flügelspannweite, die sie als ausgewachsene Exemplare haben: Der Königsalbatros erreicht eine Flügelspannweite von etwa drei Metern, der Wanderalbatros eine Spannweite bis zu 3,6 Metern — da müssen die Jungvögel lange üben.

Der Königsalbatros benötigt fast ein Jahr, bis er fliegen kann.

Welcher Vogel schlägt beim Fliegen am wenigsten mit den Flügeln?

Die wenigsten Flügelschläge beim Fliegen brauchen die Pelikane (Pelecanus) — nur ein Mal pro Sekunde heben sie ihre Schwingen. Die bis zu 180

Pelikane müssen am wenigsten mit den Flügeln schlagen.

Zentimeter großen Pelikane sind mit bis zu 13 Kilogramm Gewicht ziemlich schwere Vögel. Deshalb haben sie beim Start einige Schwierigkeiten und müssen einen langen Anlauf nehmen, um sich in die Luft erheben zu können. Haben sie es aber erst einmal geschafft, können sie elegant und ausdauernd segeln — 24 Stunden ohne Pause — und dabei bis zu 500 Kilometer zurücklegen. Diese Fähigkeit verdanken sie ihren langen und breiten Flügeln; die äußersten ihrer elf Schwingen sind tief gefingert.

Welcher Vogel ist der langsamste Flieger?

Kein Vogel der Welt fliegt so langsam wie die nordamerikanische Kanadaschnepfe (Scolopax minor) und die in Europa und Nordasien heimische Waldschnepfe (Scolopax rusticola). Besonders während der Balz wurden Geschwindigkeiten von nur acht Kilometern in der Stunde gemessen.

In der Luft

Welcher Vogel hat die längsten Federn der Welt?

Dieser Weltrekord wurde 1972 von einem Phönix-huhn, einer Zuchtform des wild lebenden Bankiva-huhns (Gallus gallus), aufgestellt. Die Schwanz-deckfeder dieses Vogels war sage und schreibe 10,6 Meter lang. Die längsten Federn eines frei lebenden Vogels, der nicht zu Schmuckzwecken gezüchtet wurde, sind die des männlichen Perlenpfaus (Rhein-artia ocellata). Seine Schwanz-federn werden immerhin bis zu 1,73 Meter lang und bis zu 13 Zentimeter breit.

Welcher Vogel trägt die meisten Federn?

Der Zwergschwan (Cygnus columbianus) trägt das Federkleid mit den meisten Federn in der Vogelwelt. Er bringt es bis auf rund 25.210 Federn. Dieser weiße Vogel zieht seine Jungen in der arktischen Tundra auf. Im Herbst fliegt er an weiter südlich gelegene Küsten.

Welcher Vogel hat die größte Flügel-spannweite?

Der Wanderalbatros (Diomedea exulans) bringt es auf bis zu 3,6 Meter Flügelspannweite. Dieser See-vogel gehört mit 1,1 bis 1,3 Metern Gesamtlänge und seiner gewal-tigen Spann-weite zu den größten Vö-geln über-haupt, dicht gefolgt vom Marabu (Lep-toptilos crume-niferus), einem afri-kanischen Storchen-vogel, der genau wie der Anden-Kondor (Vultur gry-phus), ein Neuweltgeier, eine Flügelspannweite von bis zu 3,25 Metern errei-chen kann.

Der Wanderalbatros hat eine Flügel-spannweite von bis zu 3,6 Metern. Darüber hinaus zählt er zu den größten Vögeln der Welt.

Die größten Flügelspannweiten

Vogel	Flügelspannweite
Wanderalbatros	3,6 Meter
Marabu	3,2 Meter
Anden-Kondor	3,2 Meter
Kalifornien-Kondor	3,0 Meter
Krauskopfpelikan	2,8 Meter
Höckerschwan	2,4 Meter

Der Zwergschwan hat die meisten Federn.

Welcher Vogel hat das Federkleid mit der kleinsten Federzahl?

Wen wundert es, dass dieser Rekord von einem Kolibri gehalten wird? Der neun Zentimeter lange Rubinkehlkolibri (Archilochus colubris) trägt nur 940 Federn an seinem Körper. Dieser Winzling lebt im Sommer im Osten Nordamerikas bis hin zum Süden Kanadas. Im Winter zieht er nach Mexiko oder Costa Rica. Rubinkehlkolibris haben im Durchschnitt eine Lebenserwartung von drei Jahren. Der älteste bekannte Vogel hatte sogar ein Alter von fünf Jahren.

Der Rubinkehlkolibri besitzt nur etwa 940 Federn.

Welcher Vogel hat den längsten Zugweg?

Der Vogel, der die längste Zugstrecke zurücklegt, ist die Küstenseeschwalbe (Sterna paradisaea). Auf ihren Wegen zwischen den arktischen Brutplätzen und den antarktischen Überwinterungsgebieten legen diese Vögel 35.000 bis 40.000 Kilometer zurück — fast einmal um die Erde. Und wenn sie die vorherrschenden Windrichtungen ausnutzen, können sie Geschwindigkeiten von bis zu 30 Kilo-

Die Küstenseeschwalbe legt 35.000 bis 40.000 Kilometer zurück.

metern pro Stunde erreichen — erstaunliche Leistungen für einen Vogel von 38 Zentimetern Größe.

Wissenswertes über Zugtiere

Nicht nur Vögel legen auf ihrer Zugstrecke viele Kilometer zurück. Auch Finn- und Blauwale schwimmen jährlich von den Tropen in polare Meere und wieder zurück — das sind immerhin 20.000 Kilometer. Und selbst der kleine Monarchfalter fliegt jedes Jahr im Herbst vom kühlen Kanada ins 3000 Kilometer entfernte wärmere Mittelamerika.

Welches sind die einzigen giftigen Vögel der Welt?

Pithohuis mit sechs Arten, darunter der Zweifarbenpitohui (Pitohui dichrous) und der Blaukappenflöter (Ifrita kowaldi), sind die einzigen bekannten giftigen Vögel der Welt. Beide leben auf Neuguinea. Die

In der Luft

Giftigkeit beider Vögel ist auf ein und dasselbe Gift zurückzuführen, das auch bei den gefährlichen Pfeilgiftfröschen vorkommt. Das Gift ist bei den Vögeln in der Haut und in den Federn enthalten und führt bei Berührung zu Kribbeln und Taubheit.

Welche Vögel brauchen am längsten, bis sie geschlechtsreif werden?

Hier haben die Albatrosse die Nase vorn! Den Rekord hält der Dunkelalbatros (Phoebetria fusca), der 13 Jahre benötigt, um geschlechtsreif zu werden. Etwas schneller geht es beim Königsalbatros (Diomedea epomophora) und Wanderalbatros (Diomedea exulans). Sie beginnen erst mit sechs bis zehn Jahren, eine Familie zu gründen.

Welche Vögel haben die kürzesten Beine?

Die heimischen Mauersegler (Apus apus) haben mit nur zehn bis zwölf Millimetern die kürzesten Beine im gesamten Vogelreich. Der Grund dafür ist, dass sie sich dem Leben in der Luft angepasst haben. Mauersegler

Der Mauersegler hat die kürzesten Beine.

fangen ihre Nahrung (Insekten) in der Luft und trinken und schlafen sogar im Flug. Sie verlassen den Luftraum nur zum Brüten und zur Aufzucht des Nachwuchses.

Welche Vögel sind die „schlechtesten" Eltern?

Diesen Rekord hält bestimmt der Kuckuck (Cuculus canorus), denn er kommt seinen Elternpflichten überhaupt nicht nach: Er brütet seine Eier nicht selbst aus, sondern legt sie in fremde Nester. Hier schlüpfen die Jungvögel aus und werden von ihren „Adoptiveltern" großgezogen.

Die kleinen Kuckucke werden von Ersatzeltern aufgezogen.

Wie heißt der Vogel, der die längsten Niströhren baut?

Die längsten Niströhren baut der Nashornalk (Cerorhinca monocerata), der dafür bis zu acht Meter weit gräbt. So sind die Nachkommen vor den Fressfeinden sicher. Seinen Namen verdankt der Meeresvogel dem hornartigen Wulst auf dem Schnabel, den er aber nur während der Brutzeit trägt. Seine Brutgebiete liegen im nördlichen Pazifik.

Welche Vögel legen die meisten Eier?

Unter den Nestflüchtern legt das Rebhuhn (Perdix perdix) die meisten Eier. Nestflüchter sind solche Jungvögel, die unmittelbar nach dem Ausschlüpfen das Nest verlassen und mit ihren Eltern umherlaufen oder -schwimmen können. Rebhuhnweibchen legen in Nester, die sie am Boden bauen, jeweils 15 bis 19 Eier. Diese großen Gelege sind wichtig, da viele der kleinen Küken nicht überleben.

Bei den Nesthockern hält die einheimische Blaumeise (Parus caeruleus) diesen Rekord. Sie legt durchschnittlich zehn bis elf Eier in ihr Nest in Baumhöhlen oder anderen Höhlen. Unter Nesthockern versteht man Jungvögel, die im Nest bleiben, bis sie flügge werden, und sich derweilen von ihren Eltern füttern lassen.

Die Blaumeise legt durchschnittlich zehn bis elf Eier.

Die Elfenbeinmöwe brütet in der Antarktis.

Welcher Vogel brütet in den nördlichsten Regionen?

Sehr strenge Bedingungen hält die Elfenbeinmöwe (Pagophila eburnea) aus, die in der Arktis anzutreffen ist und auch dort brütet. Diese hartgesottenen Vögel brüten im späten Frühjahr auf Treibeis in arktischen Gewässern. Die nächste Kolonie vor Europa befindet sich im äußersten Nordosten von Spitzbergen. Die Elfenbeinmöwe ernährt sich von Fischen, vom Kot von Robben und Eisbären sowie von Aas und Abfällen.

Welche Vögel brüten in den südlichsten Regionen der Welt?

Rund um den Südpol leben nur wenige Vögel. Ein typischer Brutvogel der Antarktis ist jedoch der Weißflügelsturmvogel (Thalassoica antarctica). Diese etwa taubengroßen Vögel ziehen ihre Jungen in großen Kolonien in den Thiel Mountains auf, die in der Antarktis liegen. Ihre Nester befinden sich auf Felsvorsprüngen oder in Felsspalten. Auch der Schneesturmvogel (Pagodroma nivea) ist in der Antarktis heimisch. Beide ernähren sich von Krillkrebsen und vielen anderen kleinen Meerestieren.

In der Luft

Welcher Vogel muss am längsten brüten?

Sowohl der in Neuseeland heimische Kiwi (Apteryx australis) als auch der Wanderalbatros (Diomedea exulans) müssen sich am längsten gedulden, bis die Jungvögel schlüpfen. Das Kiwiweibchen brütet 74 bis 84 Tage und das Albatrosweibchen 75 bis 82 Tage. Wenn das Wetter sehr kühl ist, dauert die Brutzeit bei beiden Vogelarten sogar bis zu 85 Tagen.

Welche Vögel haben die kürzeste Brutdauer?

Der Buntspecht (Dendrocopus major) und viele Singvögel haben die kürzeste Brutzeit in der Vogelwelt. Das Spechtweibchen legt vier bis sechs Eier, die es zehn bis zwölf Tage lang brütet, bis der Nachwuchs schlüpft. Die meisten Singvögel haben eine Brutdauer von 13 bis 14 Tagen.

Der Buntspecht brütet nur zehn bis zwölf Tage lang.

Welcher Vogel legt die größten Eier in Europa?

Die größten Vogeleier in Europa legt der Höckerschwan (Cygnus olor). Sie sind etwa 11,5 Zentimeter groß und wiegen rund 350 Gramm. Außerdem gehören Höckerschwäne zu den größten flugfähigen Vögeln überhaupt. Sie werden etwa 1,50 Meter lang, haben eine Flügelspannweite von sage und schreibe 2,4 Metern und wiegen bis zu 13 Kilogramm. Ihren Namen verdanken diese Vögel übrigens dem höckerartigen Wulst an der Wurzel des Schnabels.

Der Höckerschwan legt in Europa die größten Eier.

Welcher Vogel legt das kleinste Ei?

Die winzige Bienenelfe (Calypte helenae), auch Elfenkolibri genannt, ist mit etwa fünf Zentimetern Körperlänge der kleinste Vogel der Welt. Daher ist es nicht verwunderlich, dass dieser Kolibri aus Kuba auch die kleinsten Eier legt. Die winzigen Eier sind etwa 6,35 Millimeter lang und nur 0,25 Gramm schwer.

Welcher Vogel baut als Einziger richtige „Appartement-wohnungen"?

Die in Südafrika heimischen Siedelweber (Phile-tairus socius) sind ganz besondere Architekten unter den Webervögeln. Sie bauen riesige Gemein-schaftsnester, die richtiggehende „Appartement-wohnungen" sind. Dazu sammeln sich bis zu 100 Brutpaare und errichten zunächst gemeinsam in einem Baum ein kuppelförmiges Dach aus breiten Grashalmen und Zweigen. Dann legt jedes Paar für

Die Siedelweber bauen riesige Gemeinschaftsnester.

sich die eigentliche Nestkammer darunter an. Diese Gemeinschaftsnester werden oft jahrelang genutzt. Dabei wird auch das Dach immer wieder verstärkt, sodass manche Nester im Laufe der Zeit auf einen Durchmesser von fünf Metern anwachsen. Es stört die Siedelweber nicht, wenn andere Vogelarten in frei gewordene Nestkammern einziehen.

Welcher Vogel baut das kleinste Nest?

Der Zwergkolibri (Mellisuga minima) ist mit etwa sechs Zentimetern Länge und einem Gewicht von rund zwei Gramm neben der Bienenelfe und der Hummelelfe einer der kleinsten Vögel der Welt. Deshalb baut er auch die kleinsten Nester der Welt, die nur halb so groß sind wie eine Walnussschale. Seine Eier sind ja auch weniger als ein halbes Gramm schwer und würden über 4000-mal in ein Straußenei passen.

Wie groß wurde der wohl gewaltigste flugfähige Vogel?

Der größte flugfähige Vogel, der jemals lebte, dürfte der Argentavis magnificens gewesen sein, der vor fünf bis acht Millionen Jahren Südamerika besie-delte. Der heute ausgestorbene Riese ähnelte den heutigen Geiern und hatte eine Flügelspannweite von etwa sieben Metern — das ist doppelt so viel wie beim Wanderalbatros, der die größte Spann-weite unter allen noch lebenden Vögeln hat! Der Vogel hatte eine Standhöhe von etwa 1,5 Metern und wog etwa 70 Kilogramm. Er war ähnlich wie der Geier ein Segelflieger und nutzte Aufwinde über den südamerikanischen Anden, um kilometerweit durch die Luft zu gleiten.

Welcher Vogel baut das größte Baumnest?

Die stattlichsten Baumnester baut der amerikani-sche Weißkopfseeadler (Haliaeetus leucocepha-

In der Luft

lus), der Wappenvogel der USA, in hohen gegabelten Bäumen. Das Elternpaar behält sein Nest über Jahre hinweg und baut es jedes Jahr mit starken Ästen und Zweigen aus. Deshalb wird es im Laufe der Zeit immer größer und kann einen Durchmesser von bis zu 2,9 Metern und eine Höhe von bis zu sechs Metern erreichen. Übrigens: Adlerpaare bleiben sich ein Leben lang treu.

Der Weißkopfseeadler baut riesige Nester in Bäumen.

ser Winzling in der Dämmerung herumfliegt, sieht er eher aus wie ein Nachtfalter als wie ein Vogel. Den Weltrekord versucht ihm der Weißbrauenkauz (Xenoglaux loweryi) streitig zu machen. Diese Eule wird 13 bis 14 Zentimeter lang und ist genauso ein Leichtgewicht wie ihr Konkurrent. Die haarförmigen Federn, die der Weißbrauenkauz im Gesicht trägt, stehen wirr ab und sehen aus, als hätte er sich nicht gekämmt.

Wie groß wird der kleinste Greifvogel der Welt?

Das Weißscheitelfälkchen (Microhierax latifrons) ist der kleinste aller heute lebenden Greifvögel und hat eine Körpergröße von etwa 15 Zentimetern und ein Gewicht von 35 Gramm. Der in Südostasien (Borneo) heimische Vogel ist sehr selten geworden und kann in seiner Verhaltensweise deshalb nicht genau beobachtet werden.

Wie groß ist die kleinste Eule der Welt?

Der Elfenkauz (Micrathene whitney) gilt mit zwölf bis 14 Zentimetern Länge und weniger als 50 Gramm Gewicht als die kleinste Eule der Welt. Wenn die-

Welches ist die größte Eule der Welt?

Die größte Eulenart der Welt ist der Uhu (Bubo bubo). Die Weibchen werden mit bis zu 73 Zentimetern Länge deutlich größer als die Männchen mit bis zu 67 Zentimetern. Ein Uhu wiegt durchschnittlich 1,6 bis vier Kilogramm, die Spannweite der Flügel beträgt 1,5 bis 1,7 Meter. Der Uhu ist in Europa, Nordafrika und Asien beheimatet. Die nachtaktiven, scheuen Tiere leben in ruhigen Wäldern.

Der Uhu ist die größte Eule der Welt.

Welcher Seevogel ist der kleinste der Welt?

Der kleinste aller Seevögel dürfte die Zwergsturmschwalbe (Halocyptena microsoma) sein. Dieser Winzling wird nur 14 Zentimeter lang und 28 Gramm schwer. Er lebt an den Küsten von Baja California (Niederkalifornien), einer Halbinsel Mexikos.

Welche Vögel sind die kleinsten Europas?

Das Wintergoldhähnchen (Regulus regulus) und das Sommergoldhähnchen (Regulus ignicapillus) sind die kleinsten Vögel Europas. Beide werden etwa neun Zentimeter groß und wiegen nur vier bis sieben Gramm. Die Winzlinge bauen für ihren Nachwuchs ein kugeliges, dickwandiges Filznest in luftigen Höhen von zehn bis zwölf Metern.

Das Sommergoldhähnchen gehört zu den kleinsten Vögeln Europas.

Welches ist der größte flugfähige Vogel der Welt?

Die Flügelspannweite des Anden-Kondors (Vultur gryphus), eines Neuweltgeiers, reicht zwar mit 3,25 Metern nicht ganz an die des Wanderalbatros

Der Anden-Kondor ist der größte flugfähige Vogel.

heran, aber mit einer Körperlänge von über einem Meter und einem Gewicht bis zu zwölf Kilogramm ist er der größte flugfähige Vogel der Welt. Der meisterhafte Flieger lebt in den Anden Südamerikas. Er kann lange Zeit kreisen oder schweben und bis zu 7000 Meter hoch fliegen. Zum Vergleich: Ein Passagierflugzeug hat normalerweise eine Flughöhe von 10.000 Metern. Der Anden-Kondor hält einen weiteren Rekord: Er ist der größte und schwerste Raubvogel der Welt.

Welches ist der kleinste Vogel der Welt?

Der kleinste Vogel der Welt ist die Bienenelfe oder Elfenkolibri (Mellisuga helenae) aus der Familie der Kolibris. Von der Schnabelspitze bis zum Schwanzende misst das Weibchen rund sechs Zentimeter, das Männchen sogar nur fünf Zentimeter. Der Winzling ist mit etwa zwei Gramm auch der leichteste Vogel unseres Planeten. Die Bienenelfe ernährt sich vorwiegend von Nektar, den sie mithilfe ihres langen dünnen Schnabels und ihrer Zunge, die doppelt so lang ist wie der Schnabel, von den Blüten aufleckt. Sie ist auf Kuba in der Karibik heimisch.

In der Luft

Welches ist der schwerste flugfähige Vogel der Welt?

Die Riesentrappe gehört zu den schwersten flugfähigen Vögeln.

Die Großtrappe (Otis tarda) und die Riesentrappe (Ardeotis kori) teilen sich den Rekord, der schwerste flugfähige Vogel zu sein. Männliche Großtrappen können bis zu 18 Kilogramm, die Männchen der Riesentrappen 15 bis 19 Kilogramm wiegen und trotz dieses Gewichts fliegen — eine enorme Leistung für einen Vogel! Die Großtrappen werden bis zu einem Meter, die Riesentrappen bis zu 1,3 Meter hoch. Die Weibchen beider Arten sind meistens nur halb so groß.

Welcher Vogel hat den schwersten Kopf in der Vogelwelt?

Den schwersten Kopf unter den Vögeln hat der Schildhornvogel (Rhinoplax vigil), der zu den tropischen Nashornvögeln gehört. Diese Vögel verdanken ihren Namen dem großen, meist gebogenen Schnabel mit einem wulstigen Aufsatz. Dieses „Horn" ist normalerweise hohl oder besteht aus lockerem Knochengewebe, nur bei dem Schildhornvogel ist es massiv. Dadurch kann der Kopf dieses Vogels bis zu 350 Gramm schwer werden, was etwa zehn Prozent seines Körpergewichts entspricht. Wegen seines schweren Schädels ist der Vogel stark kopflastig. Als Ausgleich dient das stark verlängerte mittlere Schwanzfederpaar.

Welche Vögel können als Einzige der Welt „malen"?

Seidenlaubenvögel (Ptilonorhynchus violaceus) und Samtgoldvögel (Sericulus chrysocephalus) sind wahrscheinlich die einzigen Vögel der Welt, die „malen" können. Die Männchen sind bekannt dafür, dass sie richtige Lauben aus Zweigen bauen, um die Weibchen anzulocken. Die Lauben werden anschließend mit Früchten, Blättern und ähnlichen Materialien verschönert. Die Wände der Lauben werden sogar bemalt. Dazu zerquetscht das Männchen mit dem Schnabel meist dunkelblaue Beeren und vermischt den Saft mit Speichel. Zum Streichen benutzt es Werkzeuge wie ausgefranste Rindenstücke. Dunkelblau ist die Lieblingsfarbe, wahrscheinlich weil die Vogeldamen die blauen Federn ihrer Männer sehr attraktiv finden!

Der Seidenlaubenvogel verschönert sein Nest.

Welcher Vogel ist der seltenste der Welt?

Der seltenste Vogel der Welt dürfte der Blaue Ara-Papagei oder der Spix-Ara (Cyanopsitta spixii) sein. Dieser ursprünglich in Brasilien heimische Vogel ist in freier Natur vermutlich ausgestorben. Seit 2000 wurden keine frei lebenden Exemplare mehr gesichtet. Nur noch etwa 70 Tiere leben heute in verschiedenen Zoos.

Welche Vögel haben die höchste Lebenserwartung?

Die längste Lebenserwartung unter den Vögeln haben eindeutig die Papageien. Sie können bis zu 100 Jahre alt werden. Damit ist der Papagei der einzige Vogel, der älter werden kann als der Mensch. Das bedeutet auch, dass ein Papagei unter Umständen sogar seinen Besitzer überlebt. Sehr alt werden aber auch verschiedene Geier mit bis zu 70 Jahren.

Papageien können bis zu 100 Jahre alt werden.

Welche Geflügelart erreicht das höchste Lebensalter?

Hausgänse können bis zu 25 Jahre alt werden.

Bis zu 25 Jahre alt können Hausgänse werden. Graugänse (Anser anser) werden mit etwa 17 Jahren ebenfalls ziemlich betagt. Als Geflügel werden übrigens jene Vogelarten bezeichnet, die vom Menschen verzehrt werden können.

Welches ist der seltenste Greifvogel der Welt?

Der Kalifornien-Kondor (Gymnogyps californianus), ein Neuweltgeier, gilt als der seltenste Greifvogel der Welt. Heute existieren nachweislich nur noch 127 Tiere in Gefangenschaft. Der Kalifornische Kondor kann eine Flügelspannweite von rund drei Metern haben.

In der Luft

Welche Echsen können als Einzige „fliegen"?

Die in Südostasien heimischen Flugdrachen (Draco) sind die einzigen Echsen, die sich durch die Luft bewegen können. Diese Baumbewohner haben zwei große flügelartige Hautlappen an den Flanken. Die letzten fünf bis sieben Rippen sind verlängert und bilden das bewegliche Skelett dieser „Flügel". Wenn der Flugdrache sie ausbreitet, kann er lange Gleitflüge von Baum zu Baum machen. Im Gleitflug können diese Echsen Entfernungen von bis zu 90 Metern zurücklegen. Mit dem Schwanz und den „Flügeln" können sie ihren Landepunkt genau festlegen, aber ihren Gleitflug nicht bremsen.

Welcher Flugsaurier zählt zu den ältesten der Erde?

Die ersten bekannten fliegenden Reptilien bevölkerten die Erde in der Triaszeit, vor etwa 190 Millionen Jahren. Als der älteste Flugsaurier gilt Eudimorphodon, dessen Fossilien Anfang der 1970er-Jahre in Norditalien gefunden wurden. Er hatte eine Körperlänge von etwa 70 Zentimetern, davon machte der Schwanz allerdings die Hälfte aus. Seine Flügelspannweite erreichte 75 Zentimeter. Er war ein hervorragender Flie-

Der Eudimorphodon gilt als der älteste Flugsaurier.

ger und fing Fische, die zu nahe an der Meeresoberfläche schwammen.

Wo wurde der größte Flugsaurier gefunden?

Den bisher größten aller Flugsaurier haben Wissenschaftler 1972 in Texas entdeckt. Er lebte in der späten Kreidezeit, vor etwa 90 Millionen Jahren. Seinen Namen, Quetzacoatlus, verdankt er dem als gefiederte Schlange dargestellten Gott Quetzalcoatl der Azteken und Mayas. Sein Kopf war etwa so groß wie ein erwachsener Mensch, Ober- und Unterkiefer waren sehr lang gestreckt und mit einer Reihe spitzer Zähne besetzt. Mit einer Flügelspannweite bis zu zwölf Metern war der Quetzacoatlus etwa so groß wie ein Kleinflugzeug. Dieser Gigant der Lüfte ernährte sich vermutlich von Aas.

Welcher Flugsaurier hatte die meisten Zähne?

Die meisten Zähne von allen Flugsauriern besaß Pterodaustro, der in der späten Jurazeit, vor etwa 150 Millionen Jahren, lebte. Im Unterkiefer saßen mehr als 1000 Zähne, die man eher als Barten bezeichnen müsste. Mit diesem siebartigen Gebiss filterte das Tier im Gleitflug Plankton (Kleinstlebewesen) aus dem Wasser. Seine Flügelspannweite betrug bis zu 1,2 Meter.

Wo lebt der kleinste Schmetterling der Welt?

Der weltweit kleinste Schmetterling ist ein Nachtfalter und auf den Kanarischen Inseln beheimatet. Die Zwergmotte (Stigmella ridiculosa) hat eine Flügelspannweite von höchstens zwei Millimetern. Der kleinste Tagfalter stammt aus Afghanistan und heißt Micropsyche ariana. Er misst mit ausgestreckten Flügeln sieben Millimeter.

Welche Insekten können am höchsten fliegen?

Der Kleine Fuchs (Aglais urticae) erreicht die höchste bekannte Flughöhe bei Schmetterlingen. Dieser Schmetterling mit einer Flügelspannweite von bis zu fünf Zentimetern liebt das offene Gelände, im Gebirge fliegt er bis in eine Höhe von 3000 Metern. Im Osthimalaja wurde ein Schwarm sogar in einer Höhe von über 5700 Metern beobachtet.

Der Kleine Fuchs kann am höchsten fliegen.

Welches Tier hat den besten Geruchssinn?

Das Tier mit dem besten Geruchssinn dürfte das Männchen des Kleinen Nachtpfauenauges (Eudia pavonia) sein. Es riecht den Sexuallockstoff des Weibchens aus elf Kilometern Entfernung. Das Weibchen trägt von diesem Duftstoff weniger als 0,0001 Milligramm, aber die Rezeptoren (Organe zur Reizaufnahme) des Männchens sind so empfindlich, dass es selbst ein einzelnes Molekül (den winzigsten Bestandteil) dieses Stoffs erriechen kann. Das Männchen dieses in Mitteleuropa heimischen Schmetterlings hat eine Flügelspannweite bis zu sechs Zentimetern, das Weibchen bis zu sieben Zentimetern.

Das männliche Kleine Nachtpfauenauge hat die beste Spürnase.

Welcher Schmetterling hat das längste Puppenstadium?

Das längste Puppenstadium haben mit etwa sieben Jahren einige Gluckenarten. Diese nachtaktiven Falter sind die langlebigsten Schmetterlinge überhaupt. Rechnet man die Entwicklungszeit vom Ei bis zum Falter zusammen, werden sie fast acht Jahre alt. Ausgewachsene Falter hingegen haben eine reine Lebenszeit von nur wenigen Tagen, da

In der Luft

ihre Mundwerkzeuge zurückgebildet sind und sie keine Nahrung aufnehmen können.

Wo leben die aggressivsten Schmetterlinge der Welt?

Charaxes candiope, ein Exot aus der Familie der Edelfalter, kommt in Uganda (Afrika) vor. Diese Art ist so aggressiv, dass Menschen und Tiere von den Schmetterlingen angegriffen werden, wenn sie in ihr Territorium eindringen.

Wie groß wird der größte Schmetterling der Welt?

Der größte Schmetterling der Welt ist ein Nachtfalter und seine Flügelspannweite kann bis zu 32 Zentimeter betragen. Er heißt Nachteulenfalter (Thysania agrippina) und stammt aus Südamerika. Der australische Herkulesfalter (Coscinocera hercules) und der südostasiatische Atlasfalter

Der Atlasfalter gehört zu den größten Schmetterlingen der Welt.

(Attacus atlas) können ebenfalls Flügelspannweiten von über 30 Zentimetern erreichen. Der größte Tagfalter ist der Königin-Alexandra-Vogelfalter (Ornithoptera alexandrae). Er misst mit ausgebreiteten Flügeln 28 Zentimeter. Dieser Schmetterling ist auf Papua-Neuguinea heimisch.

Welche Schmetterlinge sind die langsamsten der Welt?

Das in der Paläarktis lebende Widderchen fliegt am langsamsten.

Die Widderchen oder Blutströpfchen (Zygaenidae) sind Nachtfalter, die aber am Tag aktiv sind. Die Arten, die in der Paläarktis leben, dürften die langsamsten Schmetterlinge der Welt sein, weil sie einen sehr gemächlichen und trägen Flug haben. Oft rühren sie sich stundenlang nicht vom Fleck. Die meisten in Mitteleuropa vorkommenden Arten haben schwarze Flügel mit rot gefärbten Flecken, von denen sich der Name Blutströpfchen ableitet. Wie kommt es aber, dass sie trotz der auffälligen Flecken nicht sofort von ihren Feinden, zum Beispiel Vögeln, entdeckt und gefressen werden? Diese Schmetterlinge sind giftig und deswegen für ihre Fressfeinde ungenießbar!

Welche Schmetterlinge bilden die größten Ansammlungen?

Die größten Ansammlungen bilden die Monarchfalter (Danaus plexippus). Diese vor allem in Nordamerika heimischen Schmetterlinge sind die reinsten Nomaden. Jedes Jahr unternehmen 50 bis 100 Millionen Monarchfalter eine Reise von rund 4000 Kilometern, denn sie verbringen den Sommer im Norden der USA und in Kanada und überwintern in Florida und Kalifornien. Eine solche Reise ist im Tierreich einzigartig.

Die Monarchfalter bilden die größten Ansammlungen.

Wie groß ist das kleinste Insekt der Welt?

Das kleinste Insekt der Welt, die Zwergwespe (Caraphractus cinctus), wird nur 0,2 Millimeter lang. Diese Winzlinge sind Parasiten und legen ihre Eier in anderen Insekten ab. Da diese Wespe so klein ist, sind ihre Eier ebenfalls winzig: Sie muss etwa fünf Millionen Eier legen, damit die Waage ein Gramm anzeigt.

Welche Bienenart ist die größte der Welt?

Chalicodoma pluto, eine Art der Mörtelbienen, dürfte die größte bekannte Biene der Welt sein. Die Weibchen werden bis zu 3,9 Zentimeter lang, die Männchen sind mit etwa 2,4 Zentimetern Länge deutlich kleiner. Man trifft diese Art nur auf den Molukken, einer Inselgruppe Indonesiens. Das Besondere an den Mörtelbienen ist, dass sie aus Sand und Speichel Nester bauen, die sie außen an Mauern kleben.

Welche Insekten haben die kürzeste Lebensdauer?

Wie der Name schon sagt, sind die Eintagsfliegen (Ephemeroptera) die Insekten mit der kürzesten Lebensdauer. Die erwachsenen Tiere leben tatsächlich nur wenige Stunden bis wenige Tage. Das Larvenstadium kann je nach Art ein bis vier Jahre dauern. Die ausgewachsenen Tiere sind drei bis vier Millimeter lang und haben eine Flügelspannweite von bis zu 80 Millimetern. Ihre Mundwerkzeuge sind völlig verkümmert, weil sie nichts mehr fressen, sondern sich nur noch begatten. Anschließend legen die Weibchen ihre Eier ab und sterben dann. Weltweit gibt es 2800 verschiedene Arten.

Die Eintagsfliegen leben nur kurze Zeit.

Welches Insekt fliegt am schnellsten?

In der Luft hält eine Libellenart (Austrophlebia costalis) den Weltrekord. Sie kann 39 Kilometer in der Stunde fliegen und sogar auf eine Geschwindigkeit

In der Luft

von sage und schreibe 58 Kilometer pro Stunde beschleunigen. Sie kann ihre Flügelpaare unabhängig voneinander bewegen und so spontane Richtungswechsel vollziehen.

Welches Fluginsekt war wahrscheinlich das größte?

Als größtes Fluginsekt, das je die Erde bevölkerte, gilt die libellenähnliche Meganeura monyi, die vor etwa 300 Millionen Jahren lebte. Die versteinerten Überreste wurden in Frankreich gefunden und beweisen, dass die Riesenlibelle eine Flügelspannweite von etwa 70 Zentimetern hatte, also größer war als mancher heutige Vogel! Das größte libellenartige Insekt im heutigen Deutschland war Stephanotypus schneideri mit einer Flügelspannweite von 45 Zentimetern. Es lebte vor etwa 295 Millionen Jahren.

Welches Tier besitzt die meisten Augen?

Libellen besitzen die meisten Augen.

Die riesigen Augen der Libellen sind sogenannte Facetten- oder Komplexaugen, die aus 10.000 bis 30.000 Einzelaugen (Facetten) bestehen. Sie liefern diesen Raubinsekten ein mosaikartiges Bild ihrer Umgebung. Jedes Einzelauge hat eine winzige Linse für den Nahbereich und für weiter entfernte Gegenstände. Die Libelle sieht ihre Umgebung so wie wir ein grobkörniges Foto in einer Zeitung. Da die Facetten kugelförmig angeordnet sind, hat das Insekt beinahe eine komplette Rundumsicht.

Welche Libelle ist die größte in Deutschland?

Die Große Königslibelle ist die größte Libelle Deutschlands.

Die Große Königslibelle (Anax imperator) ist die größte Libellenart Deutschlands. Sie wird bis zu 8,5 Zentimeter lang und kann eine Spannweite von zwölf Zentimetern haben. Im Sommer trifft man sie oft an stehenden Gewässern an. Libellen sind räuberische Insekten, die im Flug nach Fliegen und Mücken jagen.

Welches ist die größte bekannte Libellenart?

Megaloprepus coerulatus ist die größte heute lebende Libelle der Welt. Sie ist in Mittel- und Südamerika heimisch, wird bis zu zwölf Zentimeter lang und hat eine Flügelspannweite von bis zu 19 Zentimetern.

Fische

Fische (wissenschaftlich Pisces) sind im Wasser lebende Wirbeltiere. Sie besiedeln die Erde seit etwa 450 Millionen Jahren. Heute gibt es etwa 25.000 bekannte noch lebende Fischarten.

Brust- und Bauchflossen dienen zum Steuern, Rücken- und Afterflosse zur Erhaltung des Gleichgewichts, die Schwanzflosse zur Fortbewegung.

Fische atmen durch Kiemen. Diese Atmungsorgane sind dünne Hautblättchen. Bei den Knorpelfischen liegen sie frei, bei den Knochenfischen sind sie durch einen Kiemendeckel geschützt. Die Fische nehmen den im Wasser gelösten Sauerstoff zum Atmen mithilfe der Kiemen auf. Fische sind wechselwarme Tiere — ihre Körpertemperatur ist von der Temperatur der Umgebung abhängig.

Merkmale

Typisch für die meisten Fische ist der lang gestreckte, seitlich zusammengedrückte oder abgeflachte Körper, der zum Kopf- und Schwanzende hin etwas zugespitzt ist. Diese Form bezeichnet man als stromlinienförmig oder spindelförmig. Sie begünstigt die Fortbewegung im Wasser, da dem Wasser nur wenig Widerstand entgegengesetzt wird. Der Fischkörper ist meistens mit Schuppen bedeckt, kann aber auch Knochenschilde tragen oder nackt sein.

Die Gliedmaßen der Fische sind als Flossen ausgebildet. Es sind paarige Brust- und Bauchflossen (die den Gliedmaßen der Vierbeiner entsprechen) und je eine Rücken-, Schwanz- und Afterflosse.

Gestalt- und Größenvielfalt der Fische

Fische können ganz verschiedene Körperformen haben: schlangenförmig (Aale), abgeflacht (Plattfische) und kugelig (Kugelfische). Auch die Körpergröße kann sehr unterschiedlich sein: Der Walhai ist mit über zehn Metern Länge der größte aller Fische, während der kleinste Fisch der Welt etwa zehn Millimeter groß wird.
Fische werden in zwei Klassen gegliedert, in Knorpelfische, zu denen beispielsweise Haie und Rochen zählen, und in Knochenfische.

Sinnesorgane

Das Fischauge ist eigentlich auf das Nahsehen ausgelegt und im Ruhezustand kurzsichtig. Um auch in die Ferne sehen zu können, wird die Linse verschoben. Fische können Farben und Bilder unterscheiden. Auch der Geruchs- und Geschmackssinn sind gut entwickelt. Sogenannte Geschmacksknospen befinden sich vor allem in der Mundhöhle, an den Lippen und an den Barteln, das sind die bartähnlichen Anhänge am Maul.

Fische bewegen sich mithilfe verschiedener Flossen fort.

Viele Fische sind im Ruhezustand kurzsichtig.

Manche Fische, zum Beispiel Karpfen und Welse, können auch gut hören. Fische besitzen darüber hinaus einen besonderen Sinn, der Strömungssinn genannt wird. Dazu dient die Seitenlinie aus vielen Sinneszellen, die vom Kopf bis zum Schwanz verläuft. Damit können die Tiere Hindernisse, Feinde oder Beute wahrnehmen.

Lebensraum und Ernährung

Fische kommen auf allen Erdteilen vor. Manche Arten leben in Süßgewässern wie Seen und Teichen (stehende Gewässer) oder in Flüssen und Bächen (fließende Gewässer). Man nennt sie Süßwasserfische. Andere wiederum haben ihren Lebensraum in Salzgewässern, also in den Meeren. Sie werden als Meeresfische bezeichnet. Die meisten von ihnen leben in den flachen, bis zu 200 Meter tiefen Gewässern in Küstennähe. In der Hochsee gibt es aber auch Fische, die in 800 bis 5000 Meter Tiefe leben.

Manche Fische ernähren sich von Wasserpflanzen, andere sind reine Fleischfresser (kleine Krebse, andere Fische, Amphibien, kleine Säugetiere). Manche fressen pflanzliche und tierische Kost, sind also Allesfresser.

Haie zählen zu den Fleischfressern.

Fortpflanzung

Die meisten Fische legen eine große Zahl von Eiern ins Wasser, sie „laichen". Der Laich wird dann vom Männchen besamt. Aus den Eiern schlüpfen später Jungfische aus. Es gibt aber auch Fische, die lebend gebären, zum Beispiel viele Haiarten. Hier entwickeln sich die Jungen im Mutterleib und kommen voll entwickelt zur Welt. Manche Fische (Aale und Plattfische) durchleben eine starke Verwandlung von der Larve bis zum fertigen Fisch.

Die meisten Jungfische schlüpfen aus Eiern.

Warum bleiben Fische unter Wasser?

Außer den Knorpel- und Plattfischen haben nahezu alle Fische eine Schwimmblase. Sie ist eine Ausstülpung des Vorderdarms, die mit Gas gefüllt ist und zum Druckausgleich im Wasser dient. Durch Füllen beziehungsweise Ablassen von Luft kann der Fisch sein spezifisches Gewicht (seine Dichte) dem des Wassers anpassen. Taucht der Fisch tiefer, wird die Schwimmblase stärker gefüllt, steigt er auf, wird etwas Luft abgelassen.

Wo lebt das größte Säugetier der Welt?

Das gewaltigste Säugetier der Welt, der Blauwal (Balaenoptera musculus), ist ein Meeresbewohner. Er erreicht normalerweise eine Länge von bis zu 35 Metern und ein Gewicht bis zu 135 Tonnen (etwa so viel wie 30 Elefanten oder 160 Menschen). Er ist

Der Blauwal ist das größte Säugetier.

somit auch das größte heute lebende Tier überhaupt. Der Blauwal übertrifft sogar die Dinosaurier der Urzeit. Der Rekordhalter ist ein Exemplar, das 1947 in der Nähe der Antarktis gefangen wurde: Er wog 220 Tonnen und war 27,6 Meter lang. Dieser Riese frisst ungeheure Mengen von Kleinkrebsen (Krill) — im Sommer bis zu vier Tonnen täglich. Diese filtert er mithilfe seiner Barten aus dem Meerwasser.

Welches Tier bekommt die größten Babys?

Ein weiterer Weltrekord für den Blauwal (Balaenoptera musculus). Er ist nicht nur das größte Tier auf unserem Erdball, er bringt auch die größten Babys zur Welt. Ein durchschnittliches Blauwaljunges ist bei der Geburt bereits sechs bis acht Meter lang und wiegt zirka zwei bis drei Tonnen.

Welcher Wal trägt die längsten Barten?

Der Grönlandwal (Balaena mysticetus) besitzt die längsten Barten unter den Walen — sie werden bis zu 4,5 Meter lang. Barten sind feine Hornplatten, die vom Oberkiefer eines Bartenwals anstelle von Zähnen herabhängen. Mithilfe dieser meist sehr feinen Barten filtern Wale vor allem Krill (winzige Krebse) aus dem Meerwasser. Der Grönlandwal trägt etwa 300 bis 350 Barten auf jeder Seite des Oberkiefers.

Welches Tier hat den langsamsten Herzschlag?

Das größte Säugetier aller Zeiten, der Blauwal (Balaenoptera musculus), hält einen weiteren Weltrekord bereit. Er hat unter den Warmblütern wahrscheinlich den langsamsten Herzschlag. Sein Herz schlägt zwischen vier- und achtmal in der

Die größten Meeressäugetiere

Name	Maximale Körperlänge	Maximales Gewicht
Blauwal	35 Meter	135 Tonnen
Finnwal	25 Meter	70 Tonnen
Glattwal	18 Meter	95 Tonnen
Pottwal	18 Meter	50 Tonnen
Buckelwal	15 Meter	45 Tonnen
Südlicher Seeelefant	5 Meter	4 Tonnen

Im Wasser

Minute, je nachdem, ob der Wal gerade taucht oder nicht. Zum Vergleich: Das Herz eines erwachsenen Menschen schlägt 70-mal in der Minute. Der Gigant der Meere besitzt auch das größte Herz aller Tiere. Seinen Herzschlag hört man unter Wasser bis zu 32 Kilometer weit.

Das Herz des Blauwals schlägt nur vier- bis achtmal in der Minute.

Welcher Meeressäuger erreicht das höchste Alter?

Diesen Rekord hält zweifellos der Grönlandwal (Balaena mysticetus) mit einem Durchschnittsalter von über 100 Jahren. Damit ist dieser Riese der Meere auch das Säugetier mit der höchsten Lebenserwartung. Das älteste Tier, das bisher gefangen wurde, hatte sogar das biblische Alter von 211 Jahren. Wissenschaftler konnten das Alter mithilfe von molekularbiologischen Untersuchungen feststellen. Der Grönlandwal wird 14 bis 18 Meter lang und 60 bis 100 Tonnen schwer.

Welches Tier hat die größte Nase?

Der um die 50 Tonnen schwere Pottwal (Physeter catodon) kann nicht nur am tiefsten tauchen, er besitzt auch die größte Nase der Welt. Dieses gewaltige Organ kann bei einem ausgewachsenen Tier bis zu 20 Tonnen wiegen. Die Wissenschaftler vermuten, dass diese Kolosse die riesige Nase zum Aufspüren von Beute benutzen. Denn der Pottwal

kann mit der Nase unter Wasser nicht riechen, sondern erzeugt klickende Geräusche und nimmt auf diese Weise seine Umgebung wahr. Die Klickgeräusche erreichen eine Lautstärke von bis zu 172 Dezibel.

Welches Säugetier kann am tiefsten tauchen?

Der Pottwal (Physeter catodon) ist der beste Taucher unter den Säugetieren und kann Tiefen von bis zu 1200 Metern erreichen. Dieses Säugetier der Meere muss so tief tauchen, um seine Hauptbeute, den Riesenkalmar, zu finden. Der bis zu 18 Meter lange und etwa 50 Tonnen schwere Pottwal kann bis zu zwei Stunden tauchen, ohne Luft holen zu müssen. Der Weltrekord der Menschen im Tauchen liegt bei 131 Metern.

Der Pottwal kann bis zu 1200 Meter tief tauchen.

Welches Säugetier besitzt das schwerste Gehirn?

Ein weiterer Rekord für den Pottwal (Physeter catodon) — er ist nicht nur der beste Taucher, er besitzt auch das größte und schwerste Gehirn im gesamten Tierreich. Es kann bis zu 9,5 Kilogramm schwer sein. Das Gehirn eines erwachsenen Menschen wiegt im Durchschnitt nur 1,4 Kilogramm.

Wie schnell schwimmt das schnellste Säugetier?

Der Große Schwertwal oder Orca (Orcinus orca) ist das schnellste Säugetier der Meere. Er kann Geschwindigkeiten von bis zu 55 Kilometern in der Stunde erreichen. Der Schwertwal wird bis zu zehn Meter lang und bis zu acht Tonnen schwer. Er ernährt sich von Fischen, Kopffüßern, Delfinen, Robben und Bartenwalen. Um ihre Beutetiere zu fangen, müssen Schwertwale oft bis zu 800 Meter tief tauchen. Orcas wurden früher oft auch als Killerwale bezeichnet, obwohl kein einziger Angriff dieses Wals auf einen Menschen belegt ist.

Der Orca ist ein schneller Schwimmer.

Welches Säugetier unternimmt die längste Wanderung?

Weltmeister in dieser Disziplin ist der Grauwal. Diese 13 bis 15 Meter langen und bis zu 35 Tonnen schweren Tiere ziehen jedes Jahr 10.000 bis 20.000 Kilometer durch den Pazifik. Die Wanderungen finden zwischen den Nahrungs- und Fortpflanzungsgebieten statt. Da ein Grauwal durchschnittlich 40 bis 50 Jahre alt wird, entsprächen diese Wanderungen im Leben eines Grauwals ungefähr einer Reise zum Mond und zurück!

Welcher Wal hat die höchste Finne?

Die mächtigste Finne, also Rückenflosse, haben die männlichen Schwertwale (Orcinus orca), auch Orcas genannt. Sie kann eine Höhe von 1,8 Metern erreichen, was bei einer Körperlänge von bis zu acht Metern und einem Gewicht von etwa neun Tonnen beachtlich ist. Schwertwale kommen am häufigsten in den arktischen und antarktischen Gewässern vor. Sie ernähren sich von Fischen, Robben, Seevögeln, anderen Walen und Delfinen.

Welche Delfinart ist heute die seltenste?

Als die heute seltenste Delfinart gelten die Chinesischen Flussdelfine oder Baiji (Lipotes vexillifer), von denen es Ende der 1990er-Jahre wahrscheinlich nicht mehr als 50 Exemplare gab. Heute nehmen viele Wissenschaftler an, dass sie bereits ausgestorben ist. Seit 2002 wurde kein Tier mehr gesichtet. Der Grund für ihre wahrscheinliche Ausrottung ist vor allem die übermäßige Verschmutzung ihres Lebensraums, des Flusses Jangtse in China.

Tauchdauer bei Säugetieren

Säugetier	Maximale Tauchdauer
Seeelefant	120 Minuten
Pottwal	110 Minuten
Seehund	30 Minuten
Blauwal	20 Minuten
Flusspferd	10 Minuten
Seeotter	5 Minuten

Im Wasser

Welches Meeressäugetier ist das größte Deutschlands?

Diesen Rekord hält der Seehund (Phoca vitulina) — er ist der größte Meeressäuger Deutschlands. Diese Raubtiere sind bis zu 170 Zentimeter lang und bis

Der Seehund ist das größte Meeressäugetier in Deutschland.

zu 150 Kilogramm schwer, wobei die Weibchen etwas kleiner werden als die Männchen. Sie sind an den Küsten der Nordsee sehr häufig, an denen der Ostsee jedoch nur selten anzutreffen.

Welche Robben sind die schnellsten Schwimmer?

Der Kalifornische Seelöwe (Zalophus californianus) ist der schnellste Schwimmer unter den Robben. Er kann Spitzengeschwindigkeiten von bis zu 40 Kilometern in der Stunde erreichen. Dieses Wasserraubtier kann bis zu 100 Meter tief tauchen, um sich seine Lieb-lingsfische, darunter Lachs und Tintenfisch, aus dem Meer zu holen. Seelöwen bewegen sich auch an Land geschickt fort und treten häufig im Zirkus auf.

Welche Tiere können am längsten die Luft anhalten?

Antarktische Seeelefanten können unter den Säugetieren die Luft am besten anhalten: Bis zu zwei Stunden hält es der Südliche Seeelefant (Mirounga leonina) im kalten Wasser aus, bevor er wieder zum Atmen an die Wasseroberfläche muss. Bei diesen Tauchgängen stoßen die Tiere in Tiefen von über 1800 Metern vor.

Welche Robben sind die größten der Welt?

Der Südliche Seeelefant (Mirounga leonina) ist die größte Robbe der Welt. Die Männchen können bis zu fünf Meter lang werden und bis zu 4000 Kilogramm wiegen. Die weiblichen Tiere werden nur halb so groß und schwer. Der Südliche Seeelefant lebt hauptsächlich auf den Inseln um die Antarktis. Es gibt noch eine weitere Art: Der Nördliche Seeelefant (Mirounga angustirostris) ist deutlich kleiner als sein Vetter; er lebt hauptsächlich entlang der Westküste Nordamerikas.

Die Südlichen Seeelefanten sind die größten Robben der Welt.

Wie heißen die einzigen pflanzenfressenden Meeressäugetiere?

Seekühe (Sirenia) sind Pflanzenfresser, die sich vollständig einem Leben im Wasser angepasst haben. Sie haben einen stromlinienförmigen Körper wie ein kleiner Wal, sind aber nicht mit diesem verwandt. Die verschiedenen Arten können 2,5 bis vier Meter lang und zwischen 250 und 1500 Kilogramm schwer werden. Die beiden Familien der Seekühe heißen Manatis und Dugongs.

Welche Tiere haben die dicksten Haare?

Auch das Walross hat dicke Borsten.

Diesen Rekord dürften sich das Walross (Odobenus rosmarus) und der Elefant teilen. Beide sind spärlich behaart, haben aber dafür dicke Borsten von etwa drei Millimetern Stärke. Die dicksten Haare befinden sich beim Walross in der Nase, beim Elefanten am Schwanzende. Aus Elefantenhaaren wird Schmuck wie Ringe und Armreifen hergestellt.

Welches Meeressäugetier ist das kleinste?

Der Seeotter (Enhydra lutris), auch Meerotter genannt, gilt als der kleinste Meeressäuger der Welt. Diese Tiere werden 120 bis 150 Zentimeter lang (davon macht der Schwanz etwa 30 Zentimeter

aus) und bis zu 40 Kilogramm schwer. Sie verbringen den größten Teils ihres Lebens im Wasser und sind heute rund um das Beringmeer in Alaska und Russland, auf den Aleuten sowie an der kanadischen und kalifornischen Pazifikküste zu finden.

Der Seeotter ist das kleinste Meeressäugetier.

Welches Säugetier hat das dichteste Fell?

Der Seeotter besitzt das dichteste Fell unter den Tieren. Auf einem Quadratzentimeter wachsen etwa 50.000 bis 100.000 Haare. Dieses extrem dichte Fell schützt das Tier vor der Kälte des Meeres, da es keine isolierende Fettschicht hat. Die Tiere blasen ständig Luft zwischen die feinen Haare; diese Luftbläschen verhindern, dass die Otter beim Schwimmen völlig durchnässt werden.

Wissenswertes über den Seeotter

Auf einem Quadratzentimeter Haut wachsen bei einem Seeotter genauso viele Haare (etwa 100.000) wie bei einem erwachsenen Menschen durchschnittlich auf dem gesamten Kopf.

Im Wasser

Welcher flugunfähige Vogel kann am tiefsten und längsten tauchen?

Der Kaiserpinguin (Aptenodytes forsteri), der mit bis zu 1,2 Metern Größe und bis zu 40 Kilogramm Gewicht der größte und schwerste Pinguin der Welt ist, sucht seine Nahrung (hauptsächlich Tintenfische und Fische) in einer Tiefe von etwa 265 Metern. Der perfekte Schwimmer und Taucher kann dabei bis zu 18 Minuten unter Wasser bleiben.

Welcher flugunfähige Vogel ist der schnellste Schwimmer?

Ein weiterer Rekord für die Pinguine! Der Eselspinguin (Pygoscelis papua) erreicht auf Kurzstrecken durchschnittlich Geschwindigkeiten von bis zu 27,4 Kilometern in der Stunde — eine rasante Leistung für den nur etwa 50 Zentimeter großen flugunfähigen Vogel, der auf den antarktischen Inseln heimisch ist.

Der Eselspinguin schwimmt sehr schnell.

Welche flugfähigen Vögel können am besten schwimmen und tauchen?

Die Kormorane (Phalacrocorax) sind die flugfähigen Wasservögel, die am besten tauchen und schwimmen können. Sie ernähren sich von Fischen, die sie in bis zu 70 Sekunden andauernden Tauchgängen erbeuten. Die Kormorane tauchen mit einem Luftsprung und erreichen oft Tiefen von bis zu 20 Metern. Um so tief tauchen zu können, schlucken diese Wasservögel manchmal sogar Steine. Das Beutetier wird gewöhnlich vor dem Verspeisen zur Oberfläche gebracht.

Kormorane können bis zu 20 Meter tief tauchen.

Welcher flugfähige Vogel erreicht die größte Tauchtiefe?

Der Eistaucher (Gavia immer) kann auf seiner Nahrungssuche eine Tauchtiefe von 80 Metern erreichen. Dieser etwa 70 bis 80 Zentimeter lange Wasservogel fängt überwiegend Fische, frisst aber auch gern Krebstiere und sogar Wasserpflanzen. Bei der Jagd nach Fischen kann er mehrere Minuten unter Wasser bleiben. Der seltene Eistaucher brütet auf Grönland, Island und im Norden Nordamerikas. Den Winter verbringt er in südlicheren Regionen Europas und am Golf von Mexiko.

Wie groß wird die kleinste Meeresschildkröte der Welt?

Die Kemp's Bastardschildkröte (Lepidochelys kempii) ist mit etwa 70 Zentimetern die kleinste aller Meeresschildkröten und kommt im Atlantik vor. Lange Zeit hielt man die Bastardschildkröten für Mischlinge zwischen der Suppenschildkröte und der Unechten Karette — daher der Name. Kennzeichnend für sie ist der fast runde Panzer. Dieser Meeresbewohner ernährt sich vor allem von Krebstieren.

Welches ist die größte Meeresschildkröte der Welt?

Die gewaltige Lederschildkröte (Dermochelys coriacea) ist nicht nur die größte Meeresschildkröte, sie ist die größte Schildkröte überhaupt. Die Riesin der Meere kann bis zu zwei Meter lang werden und

Die Lederschildkröte kann bis zu zwei Meter lang werden.

bis zu 600 Kilogramm wiegen. Ihr Panzer besteht im Gegensatz zu anderen Schildkröten nicht aus harten Platten, sondern aus einer dicken, lederartigen Haut. Auf dem Kopf hat sie einen rosaroten Fleck. Sie kommt in allen wärmeren Meeren vor und ernährt sich von Fischen, Kopffüßern, Weichtieren und auch von Meerespflanzen.

Welcher Fischsaurier war der größte?

Als der größte unter den Fischsauriern gilt der Shonisaurus. Das die Meere bewohnende Reptil lebte gegen Ende der Triaszeit, vor über 200 Millionen Jahren, in Nordamerika. Das größte bisher gefundene Exemplar hatte eine Gesamtlänge von 15 Metern. Sein Körper zeigte die charakteristische Fischform und gliederte sich ungefähr in drei gleiche Teile: ein Drittel für Kopf und Hals, ein Drittel für den Rumpf und ein Drittel für den Schwanz. Die Gliedmaßen waren zu langen, schmalen Paddeln umgebaut.

Wann lebte der älteste Fischsaurier Europas?

Der älteste Fischsaurier Europas, Mixosaurus, lebte in der mittleren Triaszeit, vor etwa 230 Millionen Jahren. Er kam in Europa, aber auch in Asien und Nordamerika vor. Der etwa einen Meter lange Mixosaurus hatte einen fischähnlichen Körper mit einer Rückenflosse und wahrscheinlich auch einer kleinen Flosse am Schwanzende. Die Gliedmaßen waren zu kurzen Paddeln umgewandelt und trugen jeweils fünf Finger oder Zehen. Seine scharfen Zähne waren sehr gut für den Fischfang geeignet.

Im Wasser

Wie heißt der urtümlichste Tiefseefisch der Welt?

Der Quastenflosser ist ein „lebendes Fossil".

Ein „lebendes Fossil" ist der Quastenflosser (Latimeria chalumnae), dessen Vorfahren schon vor 400 Millionen Jahren lebten. Man glaubte lange, dass diese Fische etwa vor 65 Millionen Jahren ausgestorben seien. 1938 wurde jedoch ein totes Exemplar in einem Fischfang an der Küste Südafrikas entdeckt. 1952 konnte man erstmals einen lebenden Quastenflosser in der Nähe der Komoren (vor der Küste Ostafrikas) fangen. Diese Knochenfische werden bis zu zwei Meter lang und 100 Kilogramm schwer. Sie haben fast unverändert bis in die heutige Zeit überlebt. Sie werden jedoch nur sehr selten gesichtet.

Welcher Fisch ist der kleinste der Welt?

Biologen haben vor Kurzem in den Regenwäldern der Insel Sumatra (Indonesien) den kleinsten Knochenfisch der Erde entdeckt. Das Tier, das auf den Namen Paedocypris progenetica getauft wurde, misst nur 7,9 Millimeter und gehört zur Familie der Karpfen. Damit ist es auch das kleinste Wirbeltier der Welt. Diese Neuentdeckung unterbietet den bisherigen Rekordhalter um einen halben Millimeter: Bisher galt der grundelverwandte Schindlerfisch (Schindleria brevipinguis) mit 8,6 Millimetern als der kleinste Fisch der Welt.

Welches ist der größte Raubfisch der Welt?

Der Weiße Hai (Carcharodon carcharias) ist der größte Raubfisch der Meere. Die größten Exemplare werden bis zu 6,5 Meter lang und wiegen bis zu 2000 Kilogramm. Der Weiße Hai hat einen sehr abwechslungsreichen

Der Weiße Hai wird bis zu 6,5 Meter lang.

Speiseplan: Robben, Seehunde, andere Haie, Delfine, Thunfische und Vögel. Dafür frisst er ziemlich selten — vermutlich nur alle paar Wochen. Menschen wird er — entgegen den Darstellungen in dem berühmten Film — kaum gefährlich.

Welcher Fisch hat den besten Geruchssinn?

Der Lachs (Salmo salar) hat die beste Nase unter den Fischen. Er kann seinen Heimatfluss aus einer Entfernung von mehreren tausend Kilometern erriechen. Der Lachs ist ein Bewohner des Nordatlantiks, zieht aber zum Ablaichen in die Flüsse und Bäche. Die Jungfische schwimmen im Alter von ein bis drei Jahren flussabwärts ins Meer. Nach

Der Lachs hat den besten Geruchssinn.

etwa sechs Jahren geht es wieder zurück — die nun ausgewachsenen Lachse wandern in ihre Heimatgewässer.

Welches ist der größte Fisch der Welt?

Der Walhai (Rhincodon typus) mit bis zu 12,6 Metern Länge ist der größte heute lebende Fisch der Erde. Das größte jemals von Wissenschaftlern gemessene Exemplar war 12,65 Meter lang, hatte einen Körperumfang von sieben Metern und wog über 15 Tonnen. Gewöhnlich werden diese Riesen der Ozeane etwa zwölf Tonnen schwer. Sie sind in allen warmen tropischen und subtropischen Gewässern anzutreffen. Trotz seiner enormen Größe

ist der Walhai völlig ungefährlich, denn er ernährt sich von Plankton und anderen Kleinstlebewesen, die er durch Ansaugen des Wassers filtert.

Welches Tier hat die dickste Haut im ganzen Tierreich?

Diesen Rekord hält der Mondfisch (Mola mola). Er hat einen flachen und scheibenförmigen Körper (daher auch der deutsche Name) von etwa 2,5 Metern Länge. Seine derbe Haut ist schuppenlos, 15 Zentimeter stark und damit die dickste im gesamten Tierreich.

Welches ist der größte Süßwasserfisch Europas?

Der Flusswels oder Waller (Silurus glanis) ist der größte Süßwasserfisch Europas. Dieser räuberische Bodenfisch wird gewöhnlich etwa 2,5 Meter lang, erreicht aber gelegentlich eine Länge von drei Metern oder mehr, besonders im Donauraum. Er kann bis über 100 Kilogramm schwer werden. Der Flusswels zählt auch zu den langlebigsten Fischen und wird bis zu 80 Jahre alt.

Der Flusswels kann eine Länge von drei Metern erreichen.

Im Wasser

Wo leben die gefährlichsten Süßwasserfische?

Als die gefährlichsten Süßwasserfische gelten die Piranhas, die in südamerikanischen fließenden Gewässern vorkommen. Es gibt etwa 36 verschiedene Piranha-Arten. Die bekannteste Art ist der Rote Piranha (Rooseveltiella nattereri), der etwa 30 Zentimeter lang wird. Diese Fische haben kräftige Kiefer mit spitzen, messerscharfen Zähnen, mit denen sie sogar größeren Säugetieren Fleischstücke herausreißen können. Meistens fressen sie jedoch Fische und Krustentiere. Säugetiere greifen sie nur an, wenn sie in sehr dichten Gruppen leben. Daher sind Piranhas nicht so schlimm wie ihr Ruf.

Piranhas haben messerscharfe Zähne.

Welche Fische erreichen das höchste Alter?

Störe (Acipenser) sind wahrscheinlich die Fische mit der höchsten Lebensdauer. Sie gehören nicht nur zu den ältesten Tierarten der Erde, sondern werden mit etwa 80 Jahren auch sehr alt — einzelne Exemplare erreichen sogar das biblische Alter von über 100 Jahren.

Welcher Fisch kann seine Farbe am besten verändern?

Die Scholle oder der Goldbutt (Pleuronectes platessa), ein Plattfisch der europäischen Meere, lauert ihrer Beute auf, indem sie flach auf dem Meeresboden liegt. Dabei kann sie sich so gut tarnen, dass ihre Oberfläche die Farbe des Untergrunds annimmt. Nähert sich ein Feind, ist sie kaum zu sehen. Schollen können sogar die Zeichnungen auf ihrem Körper dem Untergrund anpassen. Diese Plattfische werden 30 bis 70 Zentimeter lang und können bis zu sieben Kilogramm wiegen.

Die Scholle kann ihre Farbe verändern.

Welcher Fisch hat im Verhältnis zur Kopfgröße die größten Zähne?

Die Zähne des Viperfisches (Chauliodus sloani) sind im Verhältnis zu seinem kleinen Kopf so lang, dass er sein Maul ganz weit öffnen muss, um seine Beute hinunterzuschlucken; dabei stehen die Kiefer senkrecht. Dieser Tiefseefisch wird bis zu 30 Zentimeter lang, sein Kopf ist etwa zwei Zentimeter groß. Seine Zähne erreichen eine Länge von einem Zentimeter. Wenn er sein Maul schließt, überlappen die Zähne den Kiefer und verleihen dem Viperfisch ein monsterartiges Aussehen.

Welcher Fisch ist der langsamste Schwimmer?

Das Seepferdchen schwimmt am langsamsten.

Es ist kaum zu glauben, aber der langsamste Fisch der Welt ist das Seepferdchen (Hippocampus). Der Grund dafür ist die starre Körperform dieses ungewöhnlichen Meeresbewohners, der äußerlich wenig an einen Fisch erinnert. Sein Kopf ähnelt eher dem eines Pferdes (daher auch der Name!), sein Hinterleib einem Wurm. Dieser seltsam aussehende Fisch bewegt sich mithilfe seiner winzigen Rückenflosse und kommt in einer Stunde gerade 20 Meter weit.

Welcher Fisch schwimmt am schnellsten?

Der schnellste Fisch der Welt ist der Fächer- oder Segelfisch (Istiophorus platypterus). Bei einer Versuchsreihe legte ein Exemplar 91 Meter in drei Sekunden zurück. Das entspricht 109 Kilometern in der Stunde über kurze Distanz. Zum Vergleich: Der Schwertfisch erreicht 90, der Thunfisch 70 und ein Gepard etwa 100 Kilometer in der Stunde über eine kurze Distanz. Der Fächerfisch lebt in allen Weltmeeren in Äquatornähe.

Wie heißt der giftigste Speisefisch der Welt?

Fugu, ein Kugelfisch (Tetraodon), ist der giftigste Fisch, der von Menschen verspeist wird. Das starke Gift ist vor allem in den Eierstöcken, Innereien und in der Haut enthalten. 0,1 Gramm dieses Nervengifts würden einen erwachsenen Menschen zuerst lähmen und dann innerhalb von 20 Minuten töten. Dennoch gilt der Fugu in Japan als eine besondere Delikatesse.

Hast du das schon gewusst?

Nur wer eine spezielle Erlaubnis hat, darf in Japan mit dem Fang, dem Handel oder der Zubereitung des giftigen Fugu zu tun haben. Trotzdem sterben gelegentlich Menschen in Japan nach dem Genuss dieses Fisches.

Welcher Fisch ist der giftigste der Welt?

Der Steinfisch (Synanceja verrucosa) ist der giftigste Fisch der Welt. Er trägt auf den Rückenflossen Stacheln mit Giftdrüsen. Dieses Gift ist so stark, dass es sogar einen Menschen töten kann, wenn er versehentlich auf die Stacheln tritt. Seinen Namen verdankt dieser Fisch seiner unregelmäßigen Körperform und der fleckigen Fär-

Der äußerst giftige Steinfisch hat sich gut getarnt.

Im Wasser

bung. Er ist gut getarnt, wenn er zwischen den Steinen am Meeresgrund auf vorbeikommende Beute wartet. Er lebt im Indischen Ozean und im Pazifik.

Welches ist der größte Rochen der Meere?

Der Riesenmanta (Manta birostris) ist der größte aller Rochen und kann eine Spannweite von über sieben Metern und ein Gewicht von zwei Tonnen erreichen. Dieser Vertreter der Teufelsrochen ist nur in tropischen und subtropischen Gewässern anzutreffen. Im Gegensatz zu vielen anderen Rochenarten besitzt dieser Riese der Meere keinen Giftstachel. Es handelt sich um friedfertige, harmlose Tiere, die sich ausschließlich von Plankton (Kleinstlebewesen) ernähren. Dieser gewaltige Fisch katapultiert sich aus dem Meer und lässt sich mit einem lauten Knall wieder auf die Wasseroberfläche fallen.

Der Riesenmanta ist der größte Rochen.

Welcher Fisch kann am höchsten springen?

Der Makohai (Isurus oxyrinchus), auch Kurzflossenmako genannt, hat die besondere Fähigkeit, hoch aus dem Wasser zu springen. Dieser knapp vier Meter lange und etwa 500 Kilogramm schwere Fisch schafft dabei Sprünge von fast sieben Metern

Höhe. Der sehr aggressive Hai frisst Schwertfische, Thunfische und sogar andere Haie und zersägt die Beute mit seinen dreieckigen Zähnen.

Welches Tier erzeugt die stärksten Stromstöße?

Die stärksten Stromstöße unter allen „elektrischen Fischen" erzeugt der in Südamerika heimische Zitteraal (Electrophorus electricus). Der bis zu 2,4 Meter lange Fisch sendet mithilfe besonderer Organe bis zu 650 Volt starke elektrische Ladungen aus. Damit könnte er eine Glühbirne zum Leuchten bringen oder sogar einen Menschen betäuben. Die Stromstöße dienen vor allem zum Beutefang und zur Feindabwehr, vermutlich aber auch der Orientierung.

Der Zitteraal erzeugt die stärksten Stromstöße.

Welches Meerestier lebt in der größten Tiefe?

Dem Dumbo-Tintenfisch (Grimpoteuthis) gefällt es ganz tief am Meeresgrund am besten. Er lebt in Tiefen von bis zu 1500 Metern. Sein etwa 20 Zentimeter langer Körper ist weich und kann so den enormen Druck in dieser Tiefe aushalten. Er schwimmt dicht über dem Meeresboden, indem er seine großen Flossen (sie erinnern an Elefantenohren) und Schwimmarme rhythmisch bewegt oder Wasser durch eine Art Trichter stößt, was dem Antrieb dient.

Welches Tier kann sich als Einziges vollständig regenerieren?

Die Süßwasserpolypen (Hydra) aus dem Stamm der Nesseltiere besitzen als einzige Tiere die Fähigkeit, sich vollständig zu regenerieren, also zu erneuern.

Zerschneidet man einen Polypen in mehrere Teile, kann er sich aus einem der Teile innerhalb von fünf Tagen wieder vollständig erneuern. Das ist eine einzigartige Erscheinung im Tierreich. Die schlauchförmigen Polypen sind etwa einen Zentimeter lang und haben je nach Art sechs bis acht Fangarme.

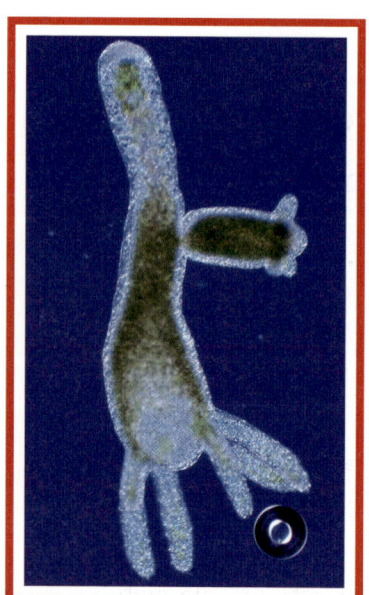

Süßwasserpolypen können sich vollständig regenerieren.

Welches Tier gilt als das giftigste der Welt?

Die durchsichtige Australische Würfelqualle oder Seewespe (Chironex fleckeri) ist nicht nur das giftigste Nesseltier, sondern wahrscheinlich das giftigste Lebewesen überhaupt. Ein Tier enthält genug Gift, um 60 Menschen zu töten. Im Vergleich dazu erscheint der Pfeilgiftfrosch, dessen Gift zehn Menschen töten könnte, beinahe „harmlos". Diese Quallen wiegen bis zu sechs Kilogramm und besitzen bis zu 60 Fangarme. Jeder Fangarm trägt Millionen von winzigen, giftigen Nesselkapseln. Bei Berührung springen diese Kapseln auf und das Gift lähmt und tötet das Opfer innerhalb von vier Minuten.

Welche Qualle ist die größte der Welt?

Die Arktische Riesenqualle (Cyanea arctica) ist die größte heute lebende Qualle der Erde. Sie kann einen Schirmdurchmesser von mehr als zwei Metern haben. An der Schirmunterseite befinden sich über 1000 Tentakel (Fangarme), die sich über 40 und mehr Meter erstrecken und sich in Sekundenschnelle auf weniger als ein Zehntel ihrer Länge zusammenziehen können. Diese Fangarme sind mit giftigen Nesselkapseln versehen, die ein lähmendes Gift enthalten. Zum Beutefang werden die Tentakel wie ein Fangnetz ausgebreitet. Die Arktische Riesenqualle kann eine Fläche von 500 Quadratmetern innerhalb weniger Minuten abfischen!

Welche Muschel ist die größte?

Die größte Muschel der Welt heißt Mördermuschel (Tridacna gigas) und gehört zur Familie der Riesenmuscheln, die im Indopazifischen Ozean leben. Die Schale dieser riesigen Weichtiere kann bis zu

Die Mördermuschel ist die größte Muschel der Welt.

Im Wasser

1,4 Meter lang werden und mehr als 200 Kilogramm wiegen. Die Mördermuschel ist so groß, dass sie sich kaum bewegen kann. Ihre übergroßen Schalenhälften wurden früher als Wasch- und Taufbecken verwendet.

Welche Krebsart
besitzt die kräftigsten
Scheren?

Die Fangschreckenkrebse (Stomatopoda), auch Heuschreckenkrebse genannt, dürften die kräftigsten Scheren unter den Krebsen haben. Diese bis

Der Fangschreckenkrebs hat sehr kräftige Scheren.

zu 30 Zentimeter langen Tiere verdanken ihren Namen ihren seltsamen Fangwerkzeugen, die äußerlich denen der Gottesanbeterin ähneln. Diese unter dem Körper zusammengefalteten Fangarme sind am Ende keulenartig verdickt. Die Krebse zertrümmern mit „Boxhieben" die Schalen oder Panzer von Meerestieren. Der Aufprall ist so heftig, dass sie sogar Glas durchschlagen können.

Welches Tier legt
die meisten Eier?

Die größte Muschel der Welt, die Mördermuschel (Tridacna gigas), legt auch die meisten Eier im Tierreich. Das bis zu 1,4 Meter lange und mehr als 200 Kilogramm schwere Tier bringt es einmal im Jahr auf rund 40 Milliarden Eier — und das etwa 40 Jahre lang!

Welche Bauwerke
sind die größten,
die je von Tieren errichtet
wurden?

Die gewaltigsten Bauwerke, die jemals von Tieren erschaffen wurden, dürften Korallenriffe sein. Korallen sind Nesseltiere, die in tropischen Meeren leben und eher Blumen als Tieren ähneln. Sie scheiden aus ihrer Fußscheibe kalkige Skelette ab, die sich wie Pflanzen verzweigen. Das größte Korallenriff der Welt ist das Große Barriereriff (Great Barrier Reef) vor der Küste Australiens. Es ist rund 2000 Kilometer lang, erstreckt sich über eine Fläche von 260.000 Quadratkilometern und entstand vor Millionen von Jahren.

Korallenriffe sind die größten tierischen Bauwerke.

Welches Insekt kann als Einziges auf dem Wasser laufen?

Der Wasserläufer (Gerris lacustris) ist eine Wasser liebende Wanze mit sehr langen Mittel- und Hinterbeinen. Das Besondere an diesen Insekten ist, dass sie über die Wasseroberfläche schlittern. Diese Fähigkeit verdanken sie den feinen, Wasser abstoßenden Härchen an den Fußgliedern. So durchbrechen die Beine das Oberflächenhäutchen des Wassers nicht und es sieht aus, als würden die Tiere über das Wasser „laufen".

Der Wasserläufer kann auf dem Wasser laufen.

Welches ist das längste Krustentier der Welt?

Die Japanische Riesenkrabbe (Macroceira kaempferi) ist die größte lebende Krebsart der Erde. Einschließlich der Beine erreicht sie einen Durchmesser von etwa drei bis vier Metern und kann 16 bis 20 Kilogramm wiegen. Ihre Heimat ist der Pazifische Ozean um Japans Küste. Dieses Riesenkrustentier hält sich im Sommer in Tiefen von etwa 300 Metern auf, im Winter bevorzugt es flachere Zonen von etwa 50 Metern Tiefe.

Welches ist der längste Wurm der Welt?

Der Rekordhalter in dieser Disziplin ist der im Meer lebende, nur fünf bis zehn Millimeter dicke, aber bis zu 30 Metern lange Schnurwurm (Lineus longissimus). Er ist oft bunt gefärbt und ernährt sich hauptsächlich von kleinen Tierchen, die im Wasser leben. Der längste an Land lebende Wurm ist der Australische Regenwurm (Megascolides australis), der bei einer Dicke von 8,8 Millimetern eine Gesamtlänge von bis zu 3,45 Metern erreichen kann. Im menschlichen Körper gibt es auch einen Rekordhalter: Der Fischbandwurm (Diphyllobothrium latum) kann eine Länge von bis zu 20 Metern und eine Dicke von bis zu 20 Millimetern erreichen. Er kann bis zu zehn Jahren im menschlichen Organismus leben.

Welche Schnecken sind die giftigsten?

Die Kegelschnecken sind die giftigsten aller Schnecken. Sie besitzen einen komplizierten Giftapparat mit einer Art Giftharpune, die sie in ihr Opfer stoßen. Dieses ist blitzschnell gelähmt und wird unzerkleinert verschlungen. Manche haben ein so

Kegelschnecken sind die giftigsten Schnecken.

Im Wasser

starkes Gift, dass sie sogar für den Menschen tödlich sein können — zum Beispiel der Marmorkegel (Conus marmoreus) oder die Landkarten-Kegelschnecke (Gastridium geopraphus) aus dem Indopazifik. Dabei haben Kegelschnecken oft wunderschöne geometrische Formen. Am besten trotzdem die Finger davon lassen!

Welches ist die größte Schnecke der Welt?

Der Ritterhelm (Syrinx proboscidiferus), ein Meeresbewohner, ist mit bis zu 60 Zentimetern Länge die größte Schnecke, die wir kennen. Sie gehört zur Familie der Helmschnecken und lebt in australischen Küstengewässern. Die größte Landschnecke ist die Echte Achatschnecke (Achatina achatina), die über 30 Zentimeter groß werden kann, wobei ihr Gehäuse über 20 Zentimeter lang und über zehn Zentimeter breit wird. Diese Riesenschnecke ist in den tropischen Regenwäldern Afrikas heimisch.

Welches ist das kleinste Lebewesen der Welt?

Die Mikrobiologen sind inzwischen sicher, dass sie das kleinste Lebewesen der Erde entdeckt haben. Dabei handelt es sich um ein winziges Bakterium, dessen Ursprung bis zur Entstehungszeit des Lebens zurückreicht. Dieser Winzling hat den Namen „Reitender Urzwerg" erhalten und wächst in 120 Metern Meerestiefe vor der Küste Islands.

Wie heißt die einzige Spinne, die im Wasser lebt?

Die Wasserspinne oder auch Silberspinne (Argyroneta aquatica) ist die einzige Spinnenart, die unter Wasser lebt. Die acht bis 15 Zentimeter lange Spinne streckt ihren Hinterleib und die Hinterbeine aus dem Wasser und tankt Sauerstoff. Dann taucht sie ruckartig unter und nimmt dabei eine Luftblase mit, die eine Glockenform annimmt. Durch wiederholtes Lufttanken gelangt ein großer Sauerstoffvorrat in die Taucherglocke. In einer solchen Luftglocke lebt die Spinne dann — sie lauert auf Beute, frisst und paart sich.

Die Wasserspinne lebt unter Wasser.

Welche Lebewesen sind die hitzebeständigsten der Erde?

Strain 121, ein Stamm der Archaeen, kann Temperaturen bis zu 130 Grad Celsius überleben. Diese ein tausendstel Millimeter großen bakterienähnlichen Mikroorganismen wurden in einer heißen Quelle auf dem Grund des Pazifischen Ozeans entdeckt. Bis dahin kannte man kein Lebewesen, das so hohe Temperaturen überlebt.

Insekten, Spinnen und Co.

Insekten, Spinnentiere, Tausendfüßer und Krebstiere sind Wirbellose aus dem Stamm der Gliederfüßer (wissenschaftlich Arthropoda). Gliederfüßer entstanden vor etwa 530 Millionen Jahren und umfassen heute mehr als eine Million Arten.

Gemeinsame Merkmale

Gemeinsam haben diese sehr unterschiedlichen Tiergruppen den gegliederten Körperbau aus deutlich verschiedenen Abschnitten (Segmenten). Jeder Abschnitt trägt höchstens ein Paar Gliedmaßen (Beine, Mundwerkzeuge, Fühler). Außerdem besitzen alle Gliederfüßer einen harten Hautpanzer, der den Körper stützt und vor Verletzungen und dem Austrocknen schützt. Dieses Außenskelett wird während des Wachstums von Zeit zu Zeit erneuert. Das nennt man Häutung. Gliederfüßer legen Eier, aus denen unterschiedliche Lar-

Der Körper von Gliederfüßern wird durch einen Panzer geschützt.

venformen entstehen. Diese entwickeln sich oft über mehrere Stadien zum erwachsenen Tier. Diese Umwandlung nennt man Metamorphose.

Insekten

Insekten (wissenschaftlich Insecta) sind mit fast 900.000 Arten die umfangreichste aller Tiergruppen. Sie bewohnen alle Lebensräume außer den Ozeanen. Der typische Insektenkörper ist in drei Abschnitte geteilt: Kopf, Brust und Hinterleib. Am Kopf befinden sich die

Die Larven der Schmetterlinge nennt man Raupen.

Augen (Facettenaugen), zwei Antennen (Fühler) und die Mundwerkzeuge (ein Paar Oberkiefer, ein Paar Unterkiefer und Unterlippe) zur Nahrungsaufnahme. Die Brust besteht aus drei Ringen. An jedem Ring befindet sich ein Beinpaar, an jedem zweiten und dritten Ring je ein Flügelpaar (außer bei flügellosen Insekten). Am Hinterleib sind die Geschlechtsorgane angebracht. Insekten atmen durch Tracheen. Das ist ein Netzwerk aus Röhren, die den Sauerstoff durch den Insektenkörper leiten. Insekten legen meist Eier. Aus den Eiern entwickeln sich Larven. Bei Fliegen heißen sie Maden, bei Schmetterlingen Raupen, bei Blatthornkäfern Engerlinge (vor allem bei Maikäfern). Die Larven entwickeln sich über Metamorphose zum erwachsenen Tier (Vollinsekt oder Imago). Manche Insek-

ten haben einen Ruhezustand, den man Puppe nennt (zum Beispiel bei Schmetterlingen).

Spinnentiere

Spinnentiere (wissenschaftlich Arachnida) sind eine Klasse der Gliederfüßer mit über 30.000 Arten. Zu Spinnentieren gehören unter anderem Spinnen, Weberknechte, Milben, Zecken und Skorpione. Ihr Körper ist meist in zwei Abschnitte geteilt: Kopfbruststück mit Mundwerkzeugen, Sinnesorganen und Gliedmaßen und Hinterleib. Charakteristisch sind vier Paar Laufbeine. Weitere Gliedmaßen sind zu Mundwerkzeugen, Giftklauen, Scheren oder Tastern umgebildet. Die meisten Spinnentiere haben Punktaugen. In der Regel legen Spinnentiere Eier, manche Skorpione und Milben sind lebend gebärend. Die Entwicklung der Jungen verläuft ohne Metamorphose. Spinnen haben am Hinterleib Spinndrüsen zum Weben von Netzen. Skorpione tragen einen Schwanz mit einem Giftstachel. Alle Spinnentiere sind Räuber und töten ihre Beute mit Gift.

Spinnen leben räuberisch.

Wissenswertes über Krebstiere

Auch die Krebstiere (wissenschaftlich Crustacea) gehören zu den Gliederfüßern. Sie leben größtenteils im Wasser. Es gibt etwa 25.000 Arten. Krebstiere sind Kiemenatmer. Sie besitzen zwei Paar Antennen, drei Paar kauende Mundwerkzeuge und oft mehr als vier Beinpaare. Die meisten Krebstiere haben gestielte Facettenaugen. Auch die Krebstiere entwickeln sich meist über mehrere Larvenstadien.

Tausendfüßer

Tausendfüßer (wissenschaftlich Myriapoda) werden in vier Unterklassen gegliedert: Doppelfüßer, Wenigfüßer, Zwergfüßer und Hundertfüßer. Es gibt etwa 10.500 Tausendfüßerarten. Der Körper be-

Tausendfüßer lieben es feucht und dunkel.

steht aus gleichartigen Segmenten, die alle Beinpaare tragen: Doppelfüßer pro Abschnitt zwei Beinpaare, die anderen je ein Beinpaar. Am Kopf befinden sich Fühler. Tausendfüßer haben mehrere Einzelaugen. Die meisten von ihnen ernähren sich von abgestorbenen Pflanzenteilen, fressen aber auch Algen, die auf anderen Pflanzen wachsen. Es gibt auch räuberische Arten, die Insekten und kleine Würmer fangen. Alle Tausendfüßer benötigen hohe Luftfeuchtigkeit. Sie leben im Boden, unter Steinen oder Holz.

Register